Annette Breucker

Auf dem Blocksberg tanzt die Hex'

Spiele, Geschichten und Gestaltungsideen für kleine und große Hexen

Bilder von Jutta Knipping

Ökotopia Verlag

Impressum

Autorin:
Annette Breucker

Gesamtillustration:
Jutta Knipping

Satz:
stattwerk e.G., Essen

Druck:
Druckwerkstatt Hafen GmbH, Münster

Herausgeber:
Spiel- und Kulturwerkstatt Rhinozeros

© 1998 by Ökotopia Verlag
2. Aufl., 5. - 8. Tsd., Febr. 1999

Dieses Buch wurde auf garantiert chlorfreiem Papier gedruckt.
Im Bleichprozess wird statt Chlor Wasserstoffperoxid eingesetzt. Dadurch entstehen keine hochtoxischen CKW (Chlorkohlenwasserstoff)-haltigen Abwässer.

CIP-Titelaufnahme der Deutschen Bibliothek

Auf dem Blocksberg tanzt die Hex' : Spiele, Geschichten und
Gestaltungsideen für kleine und große Hexen / Annette Breucker.
Bilder von Jutta Knipping. - 2. Aufl., Münster : Ökotopia-Verl., 1999
 ISBN 3-931902-19-6

Inhalt

Zur Autorin

Annette Breucker ist von Beruf Diplom-Sozialpädagogin und arbeitet seit 1985 als Mitarbeiterin der „Rhinozeros Spiel- und Kulturwerkstatt". Als freiberufliche Referentin in der Spielpädagogik ist sie seit 1988 tätig. Sie ist Autorin zahlreicher spielpädagogischer Fachbücher u. a.: *„Da ist der Bär los"*, *„Musik- und Tanzspielekartei"*, *„Umwelt- Spielekartei"*, *„Schmusekissen – Kissenschlacht"*, *„Tänze für 1001 Nacht"*.

Der Schwerpunkt ihrer Arbeit liegt in der Fortbildung pädagogischer Fachkräfte (ErzieherInnen, LehrerInnen, SozialpädagogInnen), der Durchführung von Elternabenden in Kindergärten und Schulen sowie in der Gestaltung von Kinderfesten und Kinderspielaktionen. Auch dieses Buch hat sich aus ihrer langjährigen Erfahrung in der Arbeit mit Kindern entwickelt. Mit tatkräftiger Unterstützung ihrer beiden Kinder Sarah und Janik ist dieses Buch in ihrem Hexenhaus in Oberhausen / Rheinland entstanden.

Seit mehr als 15 Jahren bietet die „Rhinozeros Spiel- und Kulturwerkstatt" mobil im Ruhrgebiet und darüber hinaus ein breit gefächertes Angebot mit Fortbildungen und Aktionen rund um das Spiel an. In diesem Zusammenschluss von spielpädagogischen Fachleuten ist Annette Breucker als Referentin tätig und kann für Fortbildungen, Elternabende und Spielaktionen angefragt werden.

Kontaktanschrift:

Rhinozeros – Versand
Duisburger Str. 333
46049 Oberhausen
Telefon: (0208) 85 57 44
Telefax: (0208) 85 57 10

Vorwort

Warum das Thema „Hexen"?

Hexen, Zauberer, Elfen und andere Fabelwesen – all diese Figuren spielen in Märchen, Sagen und Mythen eine große Rolle. Sie finden sich wieder in sämtlichen Kulturen und Zeiten und sind selbst in unserer modernen Welt nicht wegzudenken.

Auch im Spiel der Kinder tauchen diese Figuren immer wieder auf. Sie bereichern die Phantasie und Spielwelt der Kinder und werden im Rollenspiel lebendig. Kinder lieben es, sich in diese mystischen Welten zu begeben. Die Faszination liegt dabei in der Vorstellung von einer unbekannten Erlebniswelt, die gefüllt ist mit allerlei Zauber und spannenden Abenteuern, die auf sie warten. Auch in der Kinderpsychologie hat dieser Aspekt einen wichtigen Stellenwert erlangt. Hier taucht der Begriff „Die magischen Jahre" auf. Darunter wird eine Entwicklungsphase der Kinder verstanden, in der sie einen besonderen Zugang zu dieser Welt des Zauberhaften haben und sich in verstärktem Maße in Gedanken und Taten damit auseinander setzen.

(vgl. Selma Fraiberg: „Die magischen Jahre", Rowohlt Taschenbuch Verlag, Reinbek bei Hamburg, 1972)

Beim Thema „Hexen" sind es vor allem die besondere Art der Hexen, sich zu kleiden, die Vorstellung von einem Leben in einem einsamen Haus im Wald, das Fliegen auf dem Hexenbesen und natürlich die besonderen Zauberkünste der Hexe. All dies fließt in das Spiel der Kinder mit ein. In der Phantasie der Kinder (gerade im Kindergarten- und Grundschulalter) schwebt die Hexe in einer Welt des Zauberhaften und Geheimnisvollen, die gefüllt ist mit allerlei Abenteuern.

In diesem Zusammenhang sollte auch der „Mythos Hexe" gesehen und verstanden werden.

Dieses Buch möchte Sie einladen, die magische Welt der Hexen gemeinsam mit Ihren Kindern zu erkunden, in Spiel und Aktion zu erleben. Mit Vorschlägen zur Raumgestaltung, Spielen, Bastelideen, Vorlesegeschichten, Rezepten aus der Hexenküche, Sing-, Finger- und Kreisspielen, Tipps zur Gestaltung von Hexenkostümen, Entspannungsgeschichten sowie Ideen zur Planung und Gestaltung von Hexenfesten werden hierzu vielfache Möglichkeiten geboten. Indem Kinder selbst in die Rolle der Hexen schlüpfen, in der Hexenküche experimentieren, auf dem selbstgebastelten Besen fliegen oder aber in spannenden Spielen allerlei Abenteuer erleben, wird die Faszination der Kinder geleitet und der Hexenmythos lebendig. Die gesammelten Ideen und Anregungen eignen sich für die praktische Arbeit in Kindergärten und Grundschulen, Projekttage in Kindereinrichtungen, für die Gestaltung von Ferienspielen und Kinderfreizeiten, Kindergeburtstagen und nicht zuletzt für den spielerischen Alltag in der Familie.

Der geschichtliche Bezug des Themas „Hexen" soll aber dennoch nicht unbeachtet bleiben. Informationen zum historischen Hintergrund, die Sie im Anhang des Buches finden, sollen helfen, Hexen in ihren traditionell / historischen und modernen Bezügen einzuordnen. In einem kleinen Exkurs wird hierzu auf die „Walpurgisnacht am Blockberg" eingegangen, um die geschichtlichen und modernen Bezüge gleichermaßen deutlich zu machen.

In diesem Zusammenhang möchte ich dem „Harzer Verkehrsverband" für die hilfreichen Informationen zur Tradition der Walpurgisnacht im Harz danken.

Denn: „Auf dem Blocksberg tanzt immer noch die Hex'!"

Ich wünsche allen kleinen und großen Hexen viel Spaß beim Ausprobieren und freue mich über Rückmeldungen und Kritik!

Noch ein Hinweis: In diesem Buch wird vornehmlich von „den kleinen Hexen" und „der Oberhexe" (= Spielleitung) die Rede sein. Diese weibliche Form der Anrede dürfte allen angesichts des Themas plausibel erscheinen, wenngleich ich damit die Jungen nicht ausschließen möchte und diese, so hoffe ich, es auch nicht so verstehen werden. Zumal Jungen genauso gerne in die Rolle der kleinen Hexen schlüpfen wie Mädchen. Sie sind also gleichermaßen zum Hexenspiel eingeladen.

Doch jetzt heißt es:

Nun, ihr Hexen aufgepasst!
Heute ist Walpurgisnacht!
Auf zum Blocksberg geht die Reise,
Denn dort wird nach alter Weise,
Viel gehext, getanzt, gelacht,
In der ersten Maiennacht!

Die Bedeutung des Wortes „Hexe"

Das Wort „Hexe" geht auf das althochdeutsche Wort 'hagozusa, hegedise, hägtesse' zurück und lässt sich mit „Seherin im Hag", also „im Umheten wohnend" übersetzen.
Auch „Hagzissa", also „Zaunreiterin" findet man als Übersetzung. In vielen europäischen Sprachen findet man Verwandtschaften mit dem Wort. So etwa im norwegischen Wort „tysja" - 'Elfe', im altenglischen „Wicca" – die 'weise Frau'.
Bereits die Bedeutung des Wortes „Hexe" zeigt, dass ursprünglich die Fähigkeiten der Frauen sowie ihr Wissen um die Kraft der Kräuter von den Menschen hoch geschätzt und verehrt wurden und dass erst in späteren Jahren der Begriff „Hexe" seine negative Bedeutung erlangte.

Komm in unser Hexenhaus

Ideen und Anregungen zur Raumgestaltung

Ein Kinderzimmer oder der Raum eines Kindergartens lassen sich mit einfachen Mitteln in ein Hexenhaus verwandeln. In einem Hexenhaus bieten sich für Kinder vielfache Möglichkeiten des Rollenspiels. Ebenso ist ein bereits gestaltetes Hexenhaus ein schöner Platz, der sich für die Durchführung einer Hexenfeier oder eines Hexengeburtstages eignet.

Im folgenden sind einige Vorschläge zur Raumgestaltung gesammelt, die Kinder zum Teil allein, zum Teil unter Hilfestellung eines Erwachsenen durchführen können.

Die schaurige Zimmerdecke

Material: schwarzer oder dunkelblauer Futterstoff (Größe: mind. 2 x 2 Meter), weiße Stoffmalfarbe oder Stifte, feste Schnur, Rundhaken, Hammer, Weihnachtslichterkette, Klebeband

Auf schwarzen oder dunkelblauen Futterstoff malen die Kinder mit weißer Stoffmalfarbe Spinnen und Fledermäuse. Die Malvorlagen, die von einem Erwachsenen zuvor auf dem Stoff vorgezeichnet werden können, finden sich im Anhang des Buches. Stoffmalfarben sind in kleinen Gläsern oder auch als Stifte in Bastelgeschäften erhältlich. Für die Kinder ist das Malen mit Stiften natürlich einfacher.

Ist die Farbe getrocknet, so bindet man an die vier Ecken des Stoffes ein Stück Faden oder feste Schnur. In die Decke des Raumes wird, entsprechend der Stoffgröße, je ein Rundhaken geschraubt. Daran bindet man nun die Schnüre mit dem Tuch. Dabei ist darauf zu achten, dass das Tuch nicht zu stramm gespannt wird, sondern in einem leicht gewölbten Bogen herabhängt.

Wer Spinnen und Fledermäuse zu gruselig findet, kann den Stoff natürlich auch mit Sternen und Monden bemalen. Besonders schön wirkt der Himmel, wenn unter das Tuch, direkt an die Zimmerdecke, eine Weihnachtslichterkette gespannt wird. Diese lässt sich mit Krepp- oder Packband leicht an der Decke festkleben und später wieder mühelos entfernen.

Einen schönen Effekt erzielt man auch, wenn der Raum im Schwarzlicht erstrahlt. Dazu muss in eine normale Glühbirnenfassung eine Schwarzlichtbirne geschraubt werden (im Elektrofachhandel erhältlich, aber nicht ganz billig). Wird jetzt das Licht eingeschaltet, so leuchten die Spinnen und Fledermäuse auf unheimliche Weise im Dunkeln. Eine ähnliche Wirkung wird erreicht, wenn die Tiere mit Leuchtschminke auf den Stoff gemalt werden.

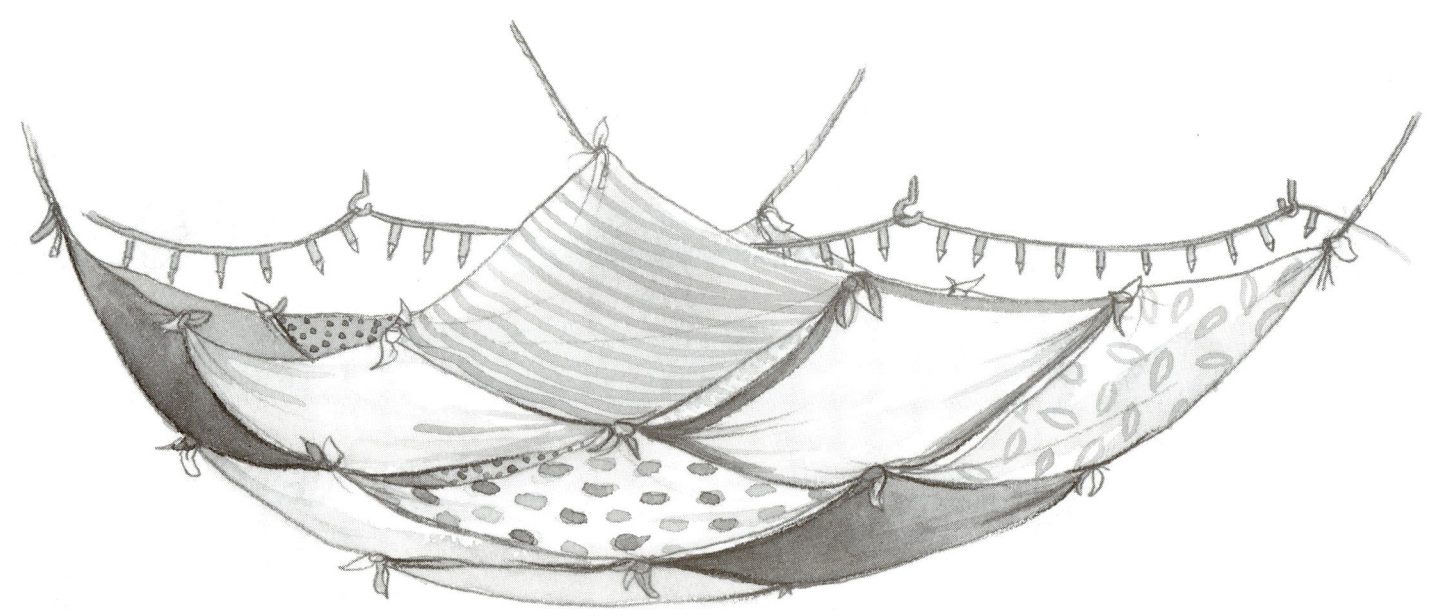

Der bunte Hexenhimmel

Material: Halstücher in verschiedenen Farben, Weihnachtslichterkette, Nägel, Hammer, Rundhaken

Für einen bunten Hexenhimmel wird im Kindergarten zunächst eine Sammelaktion unter den Eltern gestartet.

„Gesucht werden: Halstücher (Größe: ca. 80 x 80 cm) in allerlei Farben!"

Bestimmt kommen schon bald viele Tuchspenden zusammen. Wenn nicht, so könnt ihr weiße Stoffwindeln bunt einfärben. Halstücher wirken jedoch etwas schöner, da der Stoff dünner ist und somit das Licht der Lichterkette besser hindurchschimmert. Sind ausreichend viele Tücher vorhanden, werden die Tücher jeweils an den Ecken mit einem anderen Tuch zusammengeknotet. Dabei sollten die Farben bunt gemischt werden. Es ergibt sich ein quadratischer, bunter Tücherteppich (siehe Illustration). Dieser Teppich wird, wie bei der „schaurigen Zimmerdecke" beschrieben, mit Rundhaken unter der Zimmerdecke befestigt und eventuell vorher mit einer Lichterkette darunter versehen.

Von der Decke können dann Spinnen oder Fledermäuse an dünnen Fäden herabhängen. Auch ein Spinnennetz kann darunter gespannt werden. Die Bastelanleitungen hierzu findet ihr im Folgenden.

Die hängenden Fledermäuse

Material: Pauspapier, schwarzer Fotokarton, Schere oder Prickelnadel, dünner Faden oder Nylonband

Die Fledermäuse werden entsprechend der Vorlage im Anhang des Buches auf Pauspapier übertragen und anschließend auf schwarzen Tonkarton durchgepaust. Die Kinder können die Fledermäuse nun ausschneiden oder prickeln. In die beiden Fußspitzen wird zum Schluss ein kleines Loch gestochen, durch das ein möglichst dünner Faden oder Nylonband gezogen wird. Daran werden die Fledermäuse mit den Köpfen nach unten an die Decke gehängt.

Die Spinne im Spinnennetz

Die Spinne

Material : schwarze, dicke Wolle, evtl. etwas dünne, weiße Wolle, schwarze Pfeifenputzer, zwei Stecknadeln mit wei-ßen Köpfen oder zwei kleine, weiße Holzperlen mit Loch, Nylonband

Für den Körper der Spinne benötigt man ein fest gewickeltes, rundes, schwarzes Wollknäuel, das einen Durchmesser von ca. 6 – 8 cm haben sollte. Das Ende des Wollfadens wird in das Knäuel ge-steckt. In diesen schwarzen Spinnenkörper werden seitlich acht Spinnenbeine gesteckt. Dazu ver-wendet ihr am besten schwarze Pfeifenputzer, die ihr in Bastelgeschäften erhaltet. Die äußeren En-den der Beine sollten anschließend etwas angewinkelt werden (siehe Illustration).

Zwei weiße kleine Holzperlen werden als Augen an das Wollknäuel genäht. Ihr könnt dafür auch einfach zwei Stecknadeln mit weißen Köpfen als Augen in das Wollknäuel stecken, dann muss bei der Aufhängung des Spinnennetzes darauf geachtet werden, dass die Kinder das Netz nicht errei-chen können. Mit einem weißem Wollfaden stickt man zum Schluss vielleicht noch einen Mund auf. Fertig ist die Spinne.

Wer einen bunten Hexenhimmel gebastelt hat, bindet an den Körper der Spinne nun einen Nylon-faden und lässt die Spinne von der Decke herabhängen. Die Spinne kann aber auch in das Spinnen-netz gesetzt werden.

Das Spinnennetz

Material : Nägel oder Krampen (= Rundnägel), Hammer, schwarze, dicke Wolle

In die Ecke eines Zimmers werden acht Krampen zu einem Kreis in die Decke geschlagen (siehe Il-lustration). Zwischen die jeweils gegenüberliegenden Krampen spannen wir je einen schwarzen Wollfaden und verknoten ihn an den beiden Krampen. Es entsteht ein Netz mit vier sich in der Mit-te kreuzenden Fäden. Entsprechend der Illustration wird anschließend das Netz mit einem Wollfa-den durch dieses Kreuz gewoben. Dabei muss der Faden jeweils einmal um einen gespannten Fa-den gewickelt und verknotet werden, ehe er weiterläuft. So gewinnt das Netz mehr Stabilität und kann sich nicht mehr verschieben. In dieses Spinnennetz läßt sich die zuvor gebastelte Spinne set-zen, indem ihr die Pfeifenputzerbeine der Spinne an das Netz klammert.

Solch ein Spinnennetz kann natürlich auch in einer Ecke des Raumes direkt unterhalb des bunten Hexenhimmels oder des schwarzen Nylontuches gespannt werden.

Wir bauen eine Hexenküche

Material: Utensilien einer Kinderküche (Herd, Töpfe, Teller u.s.w.), Rundhaken, ein großes Stück blauen Stoff, gelbe Stoffmalfarbe, Kordel

Natürlich besitzt eine Hexe auch eine Küche, in der sie all ihre Hexenmixturen zubereitet und in verschiedenen Flaschen und Dosen aufbewahrt. Eine solche Hexenküche lässt sich sowohl im Kindergarten als auch zu Hause bauen. In den meisten Kindergärten gibt es bereits eine Kochecke, in der die Kinder im Rollenspiel ihre Kochkünste ausprobieren können.

Meist sind schon einige Utensilien wie Kinderherd, Töpfe, Teller, Tassen, Löffel u.s.w. vorhanden. Nun muss die Küche zuerst etwas unheimlicher werden. Sind Spielständer vorhanden, so werfen wir über zwei Spielständer, die gegeneinander aufgestellt werden, ein großes Tuch, das an beiden Seiten bis zum Boden reicht. Besonders schön wird es, wenn die Kinder beispielsweise ein altes, blau eingefärbtes Tuch mit Stoffmalfarbe bemalen. Weiße oder gelbe Monde und Sterne wirken auf solch einem Tuch sehr schön.

Sind keine Spielständer vorhanden, wird die Hexenküche in eine Raumecke verlegt. Dort befestigen wir an 4 Stellen in der Wand Rundhaken. An den Stoff werden 4 Ösen zum Aufhängen genäht, so dass der daran aufgehängte Stoff locker an den Wänden herunterfallen kann. Zuletzt wird das Tuch mit zwei Ösen, durch die ein Band gezogen wird, an zwei Haken in der Decke befestigt. Unter diesem Hausdach können jetzt die Utensilien einer Kinderküche (Herd, Kochzubehör u.s.w.) aufgebaut werden.

Die Hexenküche aus Kartons

Material: mehrere große Kartons (z. B. von Waschmaschinen, Kühlschränken oder anderen großen Elektrogeräten, die in entsprechenden Fachgeschäften erhältlich sind), Teppichmesser, Packband oder anderes, festes Klebeband, Stoffreste, Kordel, Versandklammern, Fingerfarben zum Bemalen, Küchen- oder Versandrollen

Aus großen Pappkartons können die Kinder unter Anleitung eines Erwachsenen ein Hexenhaus mit Hexenküche selber bauen.

Mit einem Teppichmesser wird aus einem großen Karton der Deckel herausgeschnitten. Vorsicht, bei kleineren Kindern sollte dies besser ein Erwachsener machen. Nun stellen wir den Karton senkrecht hin, so dass der Boden oben ist. Der Boden, der bei solchen Kartons meist zugeklebt ist, wird in der Mitte aufgeritzt und die Seiten zu einem spitzen Dach nach oben hochgeklappt. Das Spitzdach kann vergrößert werden, indem man aus einem anderen Karton zwei entsprechend breite Stücke schneidet und diese auf die hochgeklappten Seiten des Spitzdaches klebt oder heftet (siehe Abbildung).

Dann werden die beiden Dachschrägen an der oberen Seite mit Packband zusammengeklebt. In eine breite Seite des Hauses wird eine Tür geritzt. Dazu schneidet man den Karton an zwei Seiten ein, damit die Tür sich öffnen und schließen lässt. In die Seitenwände können kleine Fenster geschnitten werden. Wer möchte, schmückt sein Hexenhaus auch mit Vorhängen. Dazu wird ein Stück Stoff entsprechend der Fenstergröße zugeschnitten und an einer Seite umgenäht. Durch die Naht ziehen wir eine Kordel, die dann rechts und links am oberen Fensterrahmen mit Hilfe von zwei Versandklammern befestigt wird. Dazu legt man die beiden Enden der Kordel zu einer Schlaufe, steckt je eine Versandklammer hindurch und befestigt diese am Karton. Euer Haus kann auch einen Schornstein erhalten. Ein kleines Loch, entsprechend dem Durchmesser einer Küchen- oder Versandrolle, wird in das Hausdach geritzt und die Rolle dort eingesetzt. Zuletzt bemalen die Kinder das Haus mit Fingerfarben. Auch ein Türschild mit dem Namen der Hexe, die dort wohnt, solltet ihr nicht vergessen.

In das Innere des Hauses gehören Kissen, kleine Matratzen (je nach Größe), Kochutensilien, Kuscheltiere als Haustiere der Hexe und dergleichen mehr. Aber die Kinder haben schon ihre eigenen Ideen, was so alles in ein Hexenhaus gehört.

Die Hexengalerie

Material: je Kind ein Bogen weißen Fotokarton, Fingerfarben, Wasserfarben o. ä.

Ein Raum lässt sich sehr schön mit selbst angefertigten Hexenbildern dekorieren. Diese Idee ist etwas aufwendiger und eignet sich besonders für die Gestaltung eines Kindergarten- oder Klassenraumes.

Jedes Kind erhält einen Bogen weißen Fotokarton. Darauf malt es mit Finger- oder Wasserfarben eine Hexe. Den Kopf lassen die Kinder aus. Gemalt wird beispielsweise die Hexe im Flug auf dem Hexenbesen. Besonders schön wirkt hierbei auch ein Hexenrock, der aus bunten Streifen Transparentpapier gerissen und als Rock geklebt wird.

Anschließend werden von den Kindern mit einer Fotokamera Porträtaufnahmen gemacht. Dabei sollten die Kinder im Seitenprofil aufgenommen werden. Natürlich darf sich jedes Kind zuvor noch schminken und sich einen Hexenhut aufsetzen. Die Fotos werden entwickelt und vergrößert. Die Vergrößerung muss so gewählt werden, dass der Hexenkopf im richtigen Größenverhältnis zum gemalten Hexenkörper steht. Die fertigen Fotos mit den Gesichtern werden zuletzt ausgeschnitten und auf die gemalten Bilder geklebt. Jedes Kind denkt sich einen lustigen Hexennamen aus und schreibt ihn auf sein Bild. Jetzt können die Bilder zu einer Hexengalerie aufgehängt werden.

Das Hexenmobile

Material: Pauspapier, Schere, Bleistift, verschieden farbiges Tonpapier, blaues oder weißes Tonpapier für die Wolken, dünner Faden oder Nylonband

Mobiles sind ein schöner Schmuck in jedem Hexenhaus. Da es jedoch nicht ganz leicht ist, ein Mobile richtig auszubalancieren, sollten die Erwachsenen dabei etwas Hilfestellung leisten.
Die Vorlagen der Hexen im Anhang des Buches werden für dieses Mobile verwendet. Ihr paust die Vorlage auf verschieden farbiges Tonpapier viermal ab und schneidet die Hexen aus. Anschließend bekommen alle Hexen mit weißem Buntstift Mund, Nase und Augen auf beiden Seiten des Tonpapiers gemalt. In den Hut der einzelnen Hexen wird mit einer Nadel ein Loch gestochen, durch das ihr einen dünnen Faden von ca. 20 cm Länge zieht.
Jetzt werden die zwei kleinen und die große Wolke (siehe Vorlagebogen) auf blauen oder weißen Tonkarton übertragen und ausgeschnitten. In den unteren Rand (rechts und links) sowie in die Mitte des oberen Randes der großen Wolke stechen wir ein Loch und ziehen jeweils einen Faden hindurch. Der obere Faden dient zur Aufhängung an der Decke. An den unteren beiden Fäden der großen Wolke werden die zwei kleinen Wolken befestigt. Sie erhalten ebenfalls rechts und links am unteren Rand je ein Loch. Daran hängen wir zuletzt die vier kleinen Hexen. Die Hexen sollten etwas untereinander schweben, ebenso die beiden kleinen Wolken. Das Auspendeln erfordert ein wenig Geduld und Fingerspitzengefühl.

Fensterbilder für das Hexenhaus

Material: farbiges Tonpapier (siehe: Text), Schere oder Prickelnadel, Klebstoff, Klebeband oder dünner Faden, Pauspapier, Bleistift

Im Anhang des Buches findet ihr Vorlagen für Raben, Eulen und Fledermäuse, mit denen ihr die Fenster eines Hexenhauses schmücken könnt. Die Vorlagen werden abgepaust und auf festes Tonpapier übertragen. Dazu benötigt ihr: für den Raben = schwarzes, rotes und weißes Tonpapier; für die Eule = braunes und schwarzes Tonpapier; für die Fledermäuse = schwarzes Tonpapier.
Sind die Vorlagen auf das Tonpapier übertragen, können die Kinder die Tiere ausschneiden oder prickeln. Die Augen der Tiere werden entsprechend den Vorlagen aufgeklebt. Der Schnabel des Raben wird in der Mitte einmal gefalten und anschließend eingeklebt. Zuletzt klebt ihr die Tiere entweder direkt auf die Fensterscheibe, oder aber ihr verseht die Tiere mit einem dünnen Faden und hängt sie dann ins Fenster, so dass sie sich im leichten Windzug bewegen.

Feuer im Raum

Material: eine Weihnachtslichterkette, etwas roter Futterstoff, einige Holzscheite

Auch in einem Raum lässt sich ein Feuer realisieren. Das brennt zwar nicht, wirkt aber doch sehr echt. Wir legen zunächst eine Weihnachtslichterkette zu einem Haufen auf den Boden und schließen diese an. Über die Lichterkette wird ein Stück roter Futterstoff gelegt. Jetzt können die Holzscheite zu einem Feuer aufgeschichtet werden. Schon ist das Feuer im Raum fertig. Es wirkt sehr echt, denn durch das rote Tuch schimmert das Licht wie die Glut eines Feuers. Eine Lichterkette hat dabei den Vorteil, dass sie nicht heiß wird und daher mit einem Tuch bedeckt werden kann.

Seht mal dort, die Hexen kommen
Tipps zur Kostümgestaltung

Kinder lieben es, sich zu verkleiden und in andere Rollen zu schlüpfen. Viele Verkleidungsutensilien, die ihr zu Hause oder im Verwandten- und Bekanntenkreis sammelt, können zur Kostümierung verwendet werden: alte Röcke, Tücher und Bänder, Schuhe, alte, ausgefallene Hüte, Wollhandschuhe, alte Wollsocken und dergleichen mehr.

Die folgenden Ideen und Anregungen sollen helfen, euch schnell in eine kleine Hexe zu verwandeln. Die hier gesammelten Vorschläge sind zum Teil ganz einfach und beziehen schon vorhandene Utensilien mit ein. Manchmal sind die Bastelanregungen auch etwas aufwendiger und die Kinder benötigen zur Anfertigung die Hilfestellung eines Erwachsenen.

Der Hexenrock ohne Nähen

Material: dicker Wollfaden, Stoffreste, Schere (evtl. Zackenschere)

Aus dicken Wollfäden oder aus in Streifen geschnittenen Stoffbändern wird ein langes Band geflochten. Es sollte bequem um die Hüfte des Kindes reichen und noch zugebunden werden können. Dieses Band wird am Ende geknotet, so dass sich das Flechtmuster nicht mehr lösen kann. Aus verschiedenen Stoffresten werden Stücke zurecht geschnitten. Die Länge der Stoffstücke muss so bemessen werden, dass das Dreieck von der Hüfte des Kindes bis zum Fußboden reicht. Die zugeschnittenen Dreiecke werden anschließend einzeln mit zwei Spitzen an den geflochtenen Gürtel geknotet. Es sollten ruhig so viele Stoffstücke angeknotet werden, dass sich die Dreiecke auch überlappen. Zuletzt wird die Kordel mit den Stoffstücken um den Bauch des Kindes festgeknotet. Die Stoffspitzen können noch einmal vom Erwachsenen in der Länge nach geschnitten werden, so dass der Rock einige kurze und lange Spitzen erhält. Besonders schön lassen sich die Dreiecke mit einer Zackenschere zuschneiden.

Der Flickenrock

Material: ein Stück Stoff, Nadel, Faden, Gummiband, Nähmaschine, Stoffreste, Zackenschere

Ein Stück Stoff wird entsprechend dem Maß von der Hüfte eines Kindes bis zum Fußboden in der Breite zugeschnitten. Anschließend wird das Stück Stoff an einer Längsseite umgenäht. Durch diesen Umschlag ziehen wir ein Gummiband entsprechend dem Bauchumfang des Kindes und verknoten dieses. Die Quernaht wir nun zugenäht und der Rock so geschlossen.

Zur Gestaltung dieses sehr leicht anzufertigenden Rockes mit Gummizug, kann man nun auf den Rock viele bunte Flicken, die zuvor mit der Zackenschere zugeschnitten wurden, nähen oder heften. Den unteren Saum solltet ihr hierbei ebenfalls mit der Zackenschere zurecht schneiden.

Viele, viele alte Röcke

Material: alte, weit fallende Röcke, Schere oder Zackenschere, Stoffreste, Nadel und Faden

Sicher haben eure Mütter, Tanten oder Omas noch einige alte Röcke, die sie nicht mehr tragen und euch gerne für euer Kostüm zur Verfügung stellen. Die Röcke sollten möglichst weit geschnitten sein und einen Gummizug haben.

Wenn die Röcke am Bund zu weit sind und keinen Gummizug haben, so kann der Bund einmal umgenäht und ein Gummiband hindurch gezogen werden. Auch mit einer Kordel oder einem Stoffband können die Röcke um die Taille gebunden werden, so dass sie nicht herunter rutschen. Zwei bis drei Röcke werden übereinander angezogen. Da die Röcke natürlich zu lang sind, müssen sie zunächst auf die Körperlänge des Kindes gekürzt werden. Damit aber von den unteren Röcken etwas zu sehen ist, werden in den Saum der einzelnen Röcke Spitzen geschnitten. Hierfür eignet sich am besten eine Zackenschere. Die Spitzen sollten so versetzt sein, dass jeweils zwischen zwei Zacken des einen Rockes die Zacken des darunter liegenden Rockes sichtbar werden. Die Zacken können ruhig unterschiedlich lang sein. Zuletzt werden auf den obersten Rock bunte Flicken, die ihr aus alten Stoffresten ausschneidet, mit Nadel und Faden angeheftet. Natürlich können die Zakken ebenso mit einer einfachen Schere eingeschnitten werden, wenn ihr keine Zackenschere zur Hand habt.

Der klingende Knotenrock

Material: wie vorstehend

Dieser Rock wird zunächst wie der Flickenrock angefertigt. Jedoch nähen wir jetzt keine Flicken auf den Stoff, sondern zerreißen den Stoff vorsichtig in viele Längsstreifen. Vor dem Reißen muss der Stoff mit der Schere etwas eingeschnitten werden. Die einzelnen Stoffzipfel sollten unterschiedlich weit eingerissen werden. An diese Streifen können nun kleine Glöckchen genäht werden. Die Stoffstreifen können in der Länge variieren. Zuletzt machen wir an das Ende jedes Stoffstreifens einen Knoten. Besonders gut eignet sich für diesen Rock ein etwas festerer, dunkler Stoff (blau oder schwarz), der ein wenig glänzt.

Das Oberteil

Material: ein altes Hemd oder eine alte Bluse, Schere, einige Stoffflicken, Nähutensilien

Als Oberteil für all diese Hexenröcke könnt ihr sehr gut ein altes Hemd oder eine Bluse tragen (einfarbig oder bunt). Sie muss nur noch etwas umgestaltet werden.
Einfarbige Hemden werden von den Kindern mit Stoffmalfarbe bemalt (z. Bsp. mit Monden und Sternen). Da die Ärmel der Hemden zu lang sind, solltet ihr sie einfach bis zu den Ellbogen der Kinder kürzen (am besten mit der Zackenschere oder fransig schneiden). Auch die untere Naht sollte fransig geschnitten werden oder aber die kleine Hexe kann das Hemd vor dem Bauch mit den beiden Hemdzipfeln zuknoten. Ein einfarbiges Hemd kann zudem mit aufgenähten Stoffflicken verziert werden. Eine alte, ärmellose Weste vom Opa macht sich über einem solchen Hemd sehr gut.

Kopftücher selber gestalten

Material: ausrangierte Halstücher, Stoffmalfarbe oder Stoffmalstifte, evtl. Glöckchen, Nadel , Faden, Kartoffeln, Küchenmesser, Korken

Auch ausrangierte, alte Halstücher eignen sich gut als Kopfbedeckung. Ihr könnt auch weiße Stoffbabywindeln dazu verwenden. Wer möchte, färbt diese zuvor in einer beliebigen Farbe ein.
Die Kinder bemalen ihr Tuch mit Stoffmalfarben oder Stoffmalstiften (in Bastelgeschäften erhältlich). Besonders schön wirken hier weiße Spinnen auf einem schwarzen Tuch oder gelbe Monde und Sterne auf einem blauen Tuch. An den Rand des Tuches werden von einem Erwachsenen zuletzt Glöckchen angenäht. Die Kopftücher klingen jetzt, wenn die Hexen auf ihren Besen durch die Luft sausen.
Hinweis: Kleinere Kinder können ihr Tuch auch bedrucken. Dazu fertigt man Druckschablonen aus Kartoffeln an. Eine große Kartoffel wird zur Hälfte durchgeschnitten. Mit einem Küchenmesser werden einfache Motive in die Kartoffelinnenseite geritzt (Kreis, Dreieck, Stern, Mond). Die geritzte Form bemalen die Kinder mit Stoffmalfarbe und drucken sie dann auf das Tuch. Am besten verwendet man einfarbige Tücher. Ebenso bieten sich Korken zur Herstellung eines Stempels an.

Ein Hut aus Papier

Material: farbiges Tonpapier (Standardgröße: 50 x 70 cm oder 70 x 100 cm), auch Tapetenreste eignen sich gut (z.B. Strukturtapeten) sowie Packpapier (hier am besten: Natronkraftpapier), Schere, Klebstoff, etwas Hutgummi (in Handarbeitsgeschäften oder großen Kaufhäusern erhältlich)

Jedes Kind sucht sich einen Bogen Tonpapier aus. Nun zeichnet man einen Halbkreis mit großem Radius, wenn man einen hohen Spitzhut erhalten möchte (Abb. 1). Für einen niedrigen, stumpfen Hutkegel wird ein Dreiviertelkreis mit kleinerem Radius auf das Tonpapier gezeichnet (Abb. 2). Der gewählte Kreisausschnitt wird anschließend vom Kind ausgeschnitten. An der in der Skizze schraffierten Kante wird nun Klebstoff aufgetragen und der Hut geschlossen. Dazu muss vorher der Kopfumfang des Kindes gemessen werden. Der Hut sollte mit einem Hutgummi versehen werden. Jetzt können die Kinder ihren Hut bemalen oder mit allerlei Figuren (Mond, Sterne) bekleben.

Der Hexenhut

Material: alte Hüte, Stoffreste, Tüllstoff, Krepppapier (verschiedene Farben), Perlen, Federn, kleine Glöckchen, Knöpfe, Schere, Nadel und Faden

Alte Hüte in verschiedensten Formen und Farben lassen sich um- und weiter gestalten und schnell in einen originellen Hexenhut verwandeln. Fragt doch einfach einmal in eurem Verwandten- oder Bekanntenkreis nach. Bestimmt findet sich noch der ein oder andere schöne Hut, den ihr für euer Kostüm verwenden könnt. Bei einer Sammelaktion unter den Eltern im Kindergarten kommen sicher auch schnell einige lustige Hüte zusammen. Auch auf einem guten Trödelmarkt werdet ihr meist fündig auf der Suche nach ausgefallenen, alten Hüten.

Jedes Kind sucht sich einen Hut aus und kann ihn nun mit den oben aufgeführten Materialien selbst weiter gestalten. Bunte Stoff-, Krepp- oder Tüllstreifen werden an den Hut geheftet, Glöckchen angebunden oder angenäht. Auch Perlen und Federn können verwendet werden.

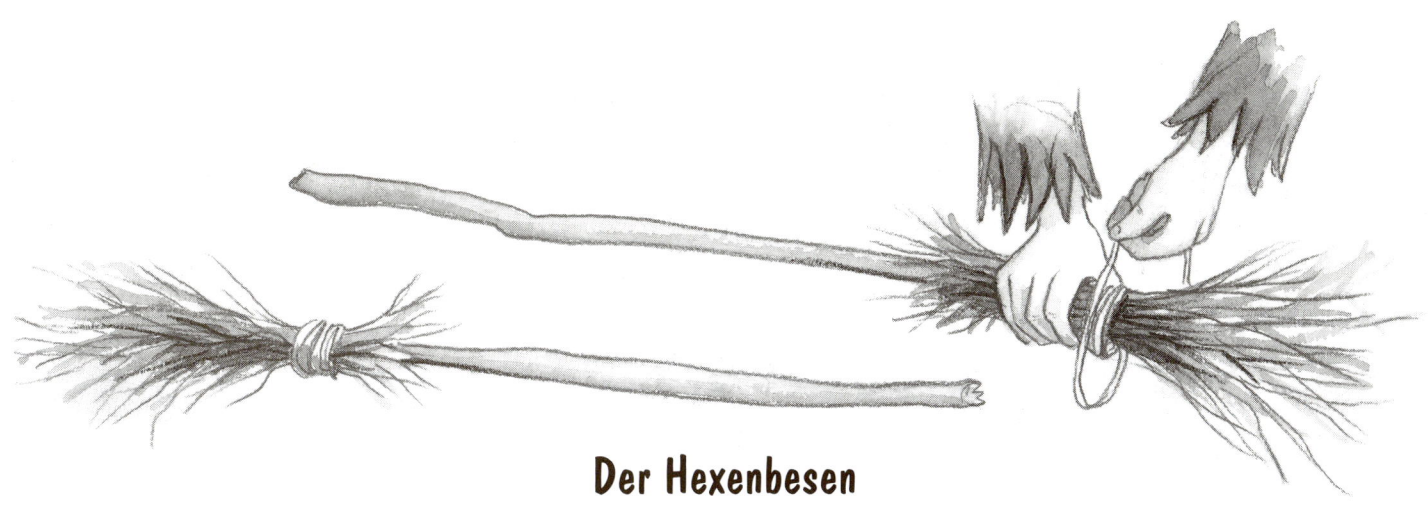

Der Hexenbesen

Material: ein kräftiger Stock (Länge: ca. 1 Meter), etwas Reisig (auch: Weidenruten oder Birkenholz eignen sich), Draht, etwas Bast oder ein Stoffstreifen

Selbstverständlich braucht eine Hexe auch einen richtigen Hexenbesen, auf dem sie durch die Luft fliegen kann.

Jedes Kind sucht sich zunächst einen kräftigen Stock. Auf einem Spaziergang im Wald können alle Kinder gemeinsam ihre Stöcke sammeln. Die Stöcke sollten nicht länger als 100 bis 120 cm sein, da die Kinder sich sonst im Spiel verletzen könnten. Kleinere Astaugen werden mit einem Messer vom Erwachsenen entfernt und das Holz glatt geschnitzt. Etwas Reisig wird zu einem Bündel gefasst und um das Stockende gewunden. Mit einem Draht wird der Reisig um den Stock gebunden. Damit sich niemand am Draht verletzt, sollte etwas Bast oder ein Stoffstreifen um den Draht gewickelt werden.

Zauberstäbe aus Schläuchen

Material: durchsichtige Schlauchstücke, Küchenmesser, je Stab zwei Korken, Klebstoff, Füllmaterialien wie: bunte Perlen und Steine, Federn, Murmeln, Glanzpapier, farbige Wattebällchen, Glöckchen

In Baumärkten und Zoogeschäften erhält man durchsichtige Schläuche mit unterschiedlichem Durchmesser. Für einen Zauberstab benötigt ihr ein ca. 20 cm langes Stück durchsichtigen Schlauch mit einem Durchmesser von ca. 3 cm. Um die Schlauchenden verschließen zu können, werden je Zauberstab zwei Korken benötigt. Ist der Korken etwas zu dick, so kann er vom Erwachsenen mit einem Küchenmesser zurecht geschnitten und eingepasst werden.

Zunächst wird ein Ende des Schlauchstückes mit dem Korken verschlossen. Am besten klebt ihr den Korken mit etwas Alleskleber fest. Jetzt kann der Zauberstab von den Kindern mit bunten Perlen, farbigen Wattebäuschchen, bunten Steinen, Glöckchen, Murmeln, glänzenden Papierschnipseln und ähnlichem gefüllt werden.

Zum Schluss wird auch die zweite Seite mit einem Korken verschlossen. Da die Kinder ihre Zauberstäbe selbst gestalten, sieht jeder Stab anders aus. Besonders für kleinere Kinder eignen sich diese Zauberstäbe, denn selbst wenn die Zauberstäbe wild durch die Luft gewirbelt werden, kann sich niemand dabei verletzen.

Hinweis: Die Korken müssen fest eingeklebt werden, damit die Zauberstäbe sich nicht öffnen und kleinere Kinder die Füllmaterialien verschlucken. Deshalb sollte man zur Sicherheit noch einen Streifen durchsichtiges Klebeband von außen um den Rand kleben.

Hexenfernrohre

Material: je Fernrohr eine Küchenrolle oder ein Stück Versandrolle, Schere, weißes Papier, Klebstoff, Buntstifte, evtl. Transparentpapier, Kleister, evtl. Decefix – Folie, Kordel

Wenn Hexen durch die Lüfte schweben, wollen sie auch erkennen, was unter ihnen so alles los ist und wo sie am besten landen können. Deshalb kann ein Hexenfernrohr ganz hilfreich sein.

Aus Küchenrollen oder Versandrollen wollen wir uns ein solches Fernrohr anfertigen. Zur Gestaltung kann die Küchenrolle mit weißem Papier beklebt und anschließend bemalt werden. Aus Transparentpapier reißen kleinere Kinder Schnipsel und kleben sie mit Kleister auf die Rollen. Ältere Kinder können sich ihr Fernrohr auch mit Decefix – Folie bekleben, Figuren aus andersfarbiger Folie ausschneiden und aufkleben. Damit die Kinder das Fernrohr beim Fliegen nicht ständig festhalten müssen, befestigt man eine Kordel daran, so dass die kleinen Hexen sich das Hexenfernrohr bei ihrem Ritt durch die Lüfte um den Hals legen können.

Zauberbücher für kleine Hexen

Material: ein altes Buch, einfarbiges oder auch buntes Einschlagpapier für Bücher (oder auch farbiges Packpapier), Malstifte, Klebstoff, alte Zeitschriften, Klarsichtfolie (selbstklebend),

Ein altes, dickes Buch lässt sich leicht in ein Zauberbuch verwandeln. Dabei ist natürlich bei kleineren Kindern für das Rollenspiel der Inhalt des Buches nicht wichtig. Entscheidend ist nur die Außengestaltung.

Ein altes Buch wird mit einfarbigem Einschlagpapier eingebunden. Hier läßt sich auch gut Packpapier verwenden, das ebenfalls in verschiedenen Farben erhältlich ist. Nachdem der Erwachsene das Buch mit dem Papier eingeschlagen hat, können die Kinder die Gestaltung vornehmen.

Hier ein paar Ideen und Möglichkeiten zur Gestaltung:

* auf das Papier malen die Kinder allerlei Hexenutensilien (Topf, Besen, Kräuter, Katze, Herd, Hexenhaus, Rabe, Eule etc.).

* das Kind klebt ein Foto von sich auf den Einband, auf dem es als Hexe verkleidet dargestellt ist. Das Foto wird mit Klarsichtfolie überzogen.

* die Kinder suchen aus alten Zeitschriften Bilder heraus (Kräuter, Schöpfkelle, Gemüse, Gewitterwolken, Blumen etc.) schneiden diese aus und kleben sie auf den Einband. Anschließend sollte der Einband wieder mit Klarsichtfolie überzogen werden.

Natürlich erhält euer Buch auch einen Titel, den ihr oder der Erwachsene mit einem dicken Stift in krakeliger Schrift auf das Buch schreibt.

Hexenbücher mit gesammelten Rezepten (für ältere Kinder)

Material: Tonpapier in verschiedenen Farben, Schere, Kordel oder Baumwollfaden, Buntstifte, Klebstoff, alte Zeitschriften, Klarsichtfolie

Ältere Kinder können sich ein eigenes Hexenbuch mit Rezepten anfertigen. Mehrere Bögen verschieden farbiges Tonpapier wird zu DIN A 4 großen Seiten zurecht geschnitten. Jeder Bogen wird anschließend am Rand gelocht. Mit einer Kordel oder einem bunten Baumwollfaden müsst ihr nun die Seiten zu einem Buch zusammenbinden. Der Faden soll nicht zu fest zugeknotet werden, damit ihr die Seiten noch umschlagen könnt. Jetzt kann mit der Gestaltung begonnen werden.

Die Titelseite wird, wie bereits oben beschrieben, geschmückt. Die Kinder denken sich selbst verschiedene lustige Rezepte aus und schreiben sie in das Hexenbuch. Eigene Zaubersprüche können hier gesammelt werden. Jede Seite wird von den Kindern mit eingeklebten oder gemalten Bildern bunt gestaltet. Ein solches Hexenbuch braucht seine Zeit und kann natürlich auch im Laufe eines ganzen Hexenlebens ständig wachsen und dicker werden.

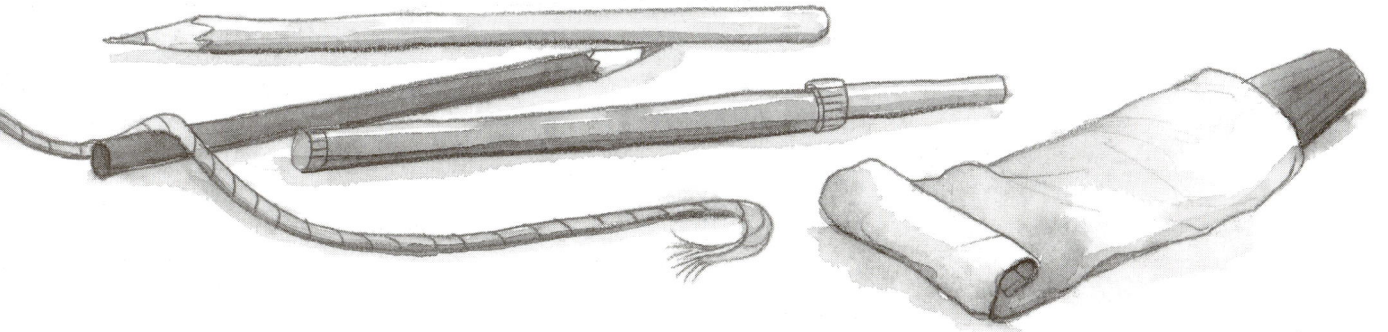

Basteln und Gestalten mit und für kleine Hexen

In diesem Kapitel sind einfache und zum Teil etwas aufwendigere Anregungen, was so alles mit oder auch für kleine Hexen gebastelt werden kann, zusammengestellt. Manche dieser Bastelideen sind mit wenigen Kindern anzufertigen, andere sollten mit bzw. für eine Gruppe gebastelt werden.

Die Hexentischlaterne

Material: ein Einmachglas, Transparentpapier in den Farben orange, gelb und rot, schwarzes, dünnes Tonpapier oder auch schwarzes Buntpapier mit gummierter Rückseite, Pauspapier, Kleister oder Klebstoff

Das Transparentpapier wird von den Kindern in schmale, spitz zulaufende Streifen gerissen. Die Länge der Streifen sollte dabei der Höhe des Einmachglases entsprechen. Diese roten, gelben und orangefarbigen Streifen werden auf das Glas geklebt. Dabei können die Streifen ruhig zum Teil übereinander geklebt werden, so dass sie wie nach oben züngelnde Flammen wirken.
Vom Vorlagebogen im Anhang wird die Hexe zweimal auf das Buntpapier oder Tonpapier gepaust. Jetzt schneidet man die Hexen aus und klebt sie rund um das Einmachglas auf die Flammen. Dabei sollten die Hexen etwas in der Luft schweben, das heißt sie werden etwa 3 – 4 cm über dem Boden des Glases angeklebt. Zum Schluss könnt ihr den Hexen noch mit weißem Buntstift Augen und Mund malen. Mit einem Teelicht versehen, leuchtet die Tischlaterne schon bald in jedem kleinen Hexenhaus.

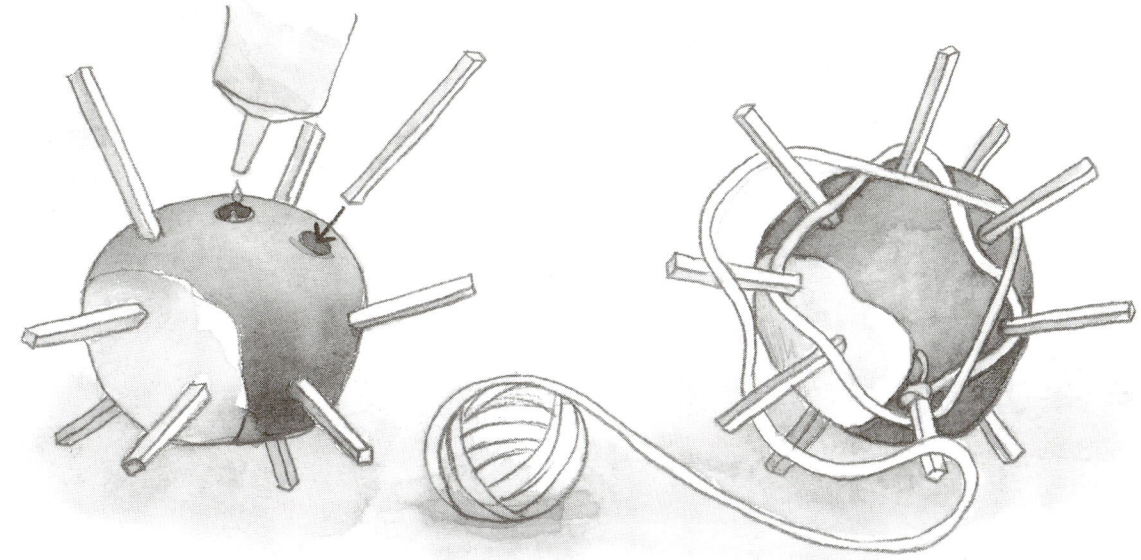

Die Kastanienspinne

Material: eine Kastanie, Streichhölzer ohne Kopf, Wollreste, Lochbohrer, Flüssigkleber

In eine Kastanie werden rund herum mit dem Bohrer kleine Löcher gebohrt. In diese Löcher stecken wir die Streichhölzer. Eventuell könnt ihr zuvor noch einen Tropfen Flüssigkleber in jedes Loch geben, damit die Beine der Spinne etwas fester sitzen.
Nun wird das Ende eines Wollfadens an einem Bein festgeknotet. Anschließend wickeln wir den Faden um die Spinnenbeine. Dabei muss der Faden jeweils über und anschließend unter dem folgenden Spinnenbein geführt werden. Der Faden sollte so lange gespannt werden, bis die Beine nahezu bedeckt sind. Das Ende des Fadens halten wir in den Händen. Lässt das Kind nun den Spinnenkörper los, so seilt sich die Spinne zappelnd an einem Faden hinab.

Das Tastmemory

Material: mindestens 20 Bierdeckel, farbiges Tonpapier, Klebstoff, Schere, Naturmaterialien, doppelseitiges Klebeband

Kleine Hexen sollten sich natürlich gut in ihrem Hexenwald auskennen und wissen, was es dort für tolle Dinge zu entdecken gibt. Ob die Hexen wirklich so gut Bescheid wissen über ihren Wald, können sie selbst mit diesem Spiel erproben.
Die Bierdeckel werden mit farbigem Tonpapier von beiden Seiten beklebt. Nun suchen wir je zwei gleiche Naturmaterialien aus und befestigen diese mit doppelseitigem Klebeband jeweils auf einen Bierdeckel. Das erste Pärchen ist fertig. Ebenso wird mit den anderen Paaren verfahren. Es müssen immer zwei gleiche Materialien aufgeklebt werden.
Als Materialien eignen sich: z. Bsp. zwei Stücke Baumrinde, verschiedenste Blätter, Stöckchen, Kastanien und Schale, Eicheln und Hütchen, Bucheckern, Moos, Tannenzapfen, kleine Steine, Kräuter.
Sind so mehrere Memorykarten entstanden, werden diese auf dem Tisch verteilt. Gespielt wird zu zweit. Ein Kind setzt sich an den Tisch und bekommt die Augen verbunden. Das Kind darf die Materialien vorher nicht gesehen haben. Nun muss es mit verbundenen Augen die Materialien ertasten und je zwei zusammen gehörende Spielpaare finden. Diese reicht es dem anderen Kind, welches sie aus dem Spiel nimmt. Wenn das Kind alle zueinander gehörenden Paare gefunden hat, tauschen die beiden die Rollen.

Der magische Würfel

Material: ein Würfel, Klebeetiketten, Stifte, für den großen Würfel: ein Stück Schaumstoff, dicker Filzstift, schnelle Musik

Dieses Würfelspiel eignet sich sowohl zum Spiel in kleinen als auch großen Gruppen und kann daher bei einem Stuhlkreis im Kindergarten oder auch auf einem Hexenfest oder Hexengeburtstag durchgeführt werden.

Ein Würfel wird mit kleinen runden oder viereckigen Klebeetiketten versehen. Diese sind in Schreibwarengeschäften erhältlich. Auf jede Etikette wird nun ein anderes Symbol gezeichnet. Mögliche Symbole könnten sein:

ein Gesicht:	wird dieses Symbol von einem Kind gewürfelt, so muss das Kind schnell eine hässliche Grimasse schneiden. Alle Kinder im Kreis versuchen, diese Grimasse nachzumachen. Das Kind, dessen Grimasse dem vormachenden Kind am besten gefällt, darf als nächstes würfeln.
Hexenkräuter:	bei diesem Symbol darf das würfelnde Kind sich etwas aus einem bereit gestellten Korb aussuchen. Darin befinden sich verschiedene, essbare Gegenstände (Rosinen, Nüsse, Petersilie, Schnittlauch, Dill, Haferflocken, Sonnenblumenkerne, Pistazien u.s.w.). Ein Kind schließt die Augen oder ihm werden die Augen verbunden und es darf das ausgesuchte Teil kosten. Jetzt wird geraten, was das wohl sein könnte. Ist dies gelungen, so darf es weiter würfeln.
eine Flasche:	bei diesem Symbol darf ein Kind, ebenso wie oben, etwas Trinkbares (Mineralwasser, verschiedene Säfte, Milch, unterschiedliche Teesorten u.s.w.) probieren.
der Hexenbesen:	ein Kind, das dieses Symbol würfelt, muss mit einem bereitstehenden Hexenbesen den anderen seine Flugkünste vorführen. Beispiele: über einen Gegenstand hinweg fliegen – einmal kreuz und quer durch den Raum sausen – mit einem Kind seiner Wahl einmal zu zweit auf dem Besen durch das Zimmer fliegen – einmal bis in den Garten, um einen Baum herum und wieder zurück fliegen.
der Zauberstab:	bei diesem Symbol nimmt das würfelnde Kind einen bereit liegenden Zauberstab und verzaubert damit die anderen Kinder (z.B. in unterschiedliche Tiere, Zwerge, Riesen, Hexen, alte Omas und Opas, einen Wackelpudding u.s.w.). Mit dem Ruf: „Eins, zwei, drei – Schluss mit der Hexerei!" wird die Runde beendet.
ein Tier:	ein Kind, das dieses Symbol würfelt, muss für die anderen Kinder ein Tier darstellen, das von den übrigen erraten werden soll.

Mit dem so angefertigten Würfel kann nun die Spielrunde beginnen. Die Kinder setzen sich im Kreis zusammen. Die Spielleitung erklärt den Kindern zuerst die verschiedenen Symbole und die damit verbundenen Aufgaben. Ein Kind beginnt zu würfeln und die Aufgaben werden entsprechend den Symbolen ausgeführt.

Hinweis: Wird das Spiel mit jüngeren Kindern durchgeführt, so empfiehlt es sich, zunächst nur mit drei verschiedenen Symbolen, die sich jeweils zweimal auf dem Würfel befinden, zu beginnen. Für das Spiel in Kindergruppen empfiehlt es sich, den Würfel im Großformat anzufertigen. Hierfür eignet sich besonders gut ein zu einem Würfel zurechtgeschnittenes Stück Schaumstoff. Auch in Kombination mit einem Tanzspiel kann das Würfeln durchgeführt werden. Dabei tanzen alle Hexen zu einer schnellen Musik durch den Raum. Stoppt die Musik, so darf ein Kind würfeln und die Aufgaben werden ausgeführt. Die nächste Spieleinheit beginnt dann wieder mit einer Tanzeinlage.

Was kleine Hexen brauchen

Ein Memory – Spiel zum selber basteln

Material: fester Fotokarton, Stifte, evtl. selbstklebende Klarsichtfolie

Natürlich sollte sich eine Hexe nicht nur im Hexenwald auskennen. Ebenso muss sie natürlich, um eine richtige Hexe zu werden, wissen, was eine Hexe so alles braucht.

Aus dem Fotokarton werden viereckige Karten in der Größe von Memorykarten zurecht geschnitten. Damit das Spiel länger hält, könnt ihr diese Karten auch auf entsprechend große, feste Kartonkarten aufkleben. Auf je zwei Karten werden nun gleiche Gegenstände gemalt.

Hier ein paar Beispiele: Spinne, Kater, Hexenhaus, Besen, Schuhe, Mond, Feuer, Zauberstab, Rabe, Eule, Zauberbuch, Kräuter, Kochlöffel, Kochtopf, Kopftuch, Rock etc.

Sind die Gegenstände aufgemalt, könnt ihr die Karten noch mit selbstklebender Klarsichtfolie überziehen, so bleibt das Spiel länger schön. Die Karten werden umgedreht und auf dem Tisch verteilt. Gespielt wird nach den altbekannten Memory – Spielregeln.

Unser eigenes Hexenmemory

Material: Fotoapparat, fester Fotokarton, Klebstoff, Schere, selbstklebende Klarsichtfolie

Auch von den Kindern in eurer Kindergartengruppe könnt ihr ein schönes Memoryspiel anfertigen, dessen Anfertigung jedoch etwas Zeit und Mühe kostet.

Die Kinder haben sich alle als Hexen verkleidet. Dann werden von den Kindern einzeln oder auch zusammen Fotos gemacht. Sind die Bilder entwickelt, so suchen wir gemeinsam Bilder für unser Memoryspiel aus und lassen von jedem Foto, das ausgesucht wurde, einen weiteren Abzug anfertigen. Der Fotokarton wird entsprechend der Bildgröße zurecht geschnitten und die Fotos auf je eine Kartonkarte geklebt. Auch diese Fotos solltet ihr zum Schutz mit selbstklebender Klarsichtfolie überziehen.

Schon ist das eigene Hexenmemory fertig. Das Spiel damit ist für Kindergartenkinder etwas schwieriger als ein gewöhnliches Memoryspiel. Jedoch macht das Spiel mehr Spaß, da es lustig ist, sich selbst unter einer Spielkarte wieder zu entdecken.

In der Hexenküche

Wenn ihr euch eine Hexenküche gebaut habt oder in eurem Kindergarten eine Spielküche vorhanden ist, kann die Hexerei in der Küche beginnen.

Allerlei Hexenmixturen: Probieren strengstens verboten!

Im Kindergarten starten wir eine Sammelaktion bei den Eltern. Gesucht werden: alte Gläser in unterschiedlichen Größen (Marmeladengläser, Einmachgläser und ähnliches), Kaffeedosen mit Deckel, durchsichtige, leere und gut gereinigte Flaschen mit Verschluss (von Haarshampoo, Kosmetikartikeln, Spülmitteln), kleine Pappschachteln in verschiedenen Größen und Formen.
Außerdem benötigen wir Gewürze und Kräuter wie: Nelken, Salbei, Kresse, Estragon, Liebstöckel, Kerbel, Pfefferminze, Rosmarin, Basilikum, Thymian, Kümmel, Lavendel, Zitronenmelisse, Rosen, Veilchen und anderes stark Duftendes. Nüsse, Rosinen, Mandeln, Sonnenblumenkerne, Pistazien und dergleichen mehr kann von den Eltern gespendet werden. Auch Duftöl kann für die Hexenküche verwendet werden.

Die abenteuerliche Schnüffelwanderung

Gemeinsam mit den Kindern sammeln wir im Wald oder auf Feldern Materialien wie: Stöcke, Blätter, Steine, Gräser, Getreide, Kräuter und verschiedene andere, duftende Sachen. Das Sammeln kann zu einem abenteuerlichen Schnüffelspaziergang werden. Die Aufgabe für die Kinder lautet: Gesucht wird, alles was duftet oder stinkt. Alle ziehen los und beschnüffeln, was ihnen auf dem Spaziergang begegnet. Wer etwas Duftendes oder Stinkendes entdeckt hat, lässt die anderen daran riechen. Alle gesammelten Materialien werden getrocknet, anschließend in Schalen, Körben oder Schuhkartons gefüllt und in der Hexenküche gelagert.

Gewusst wie: Eine kleine Einführung in die Kunst des Mixens

Material: leere, gereinigte Flaschen (am besten Plastikflaschen), Wasser, Trichter, Klebeetiketten, Füllmaterialien wie: Kräuter, Gräser, Gewürze, farbige Krepppapierstreifen, billiges Speiseöl

Viele, verschiedene Materialien sind bereits in eurer Hexenküche zusammen getragen worden. Bevor die Kinder selbst loslegen und ihre Zauberkünste ausprobieren, sollte die Oberhexe den Kindern eine kurze Einführung geben. Sie verkleidet sich dazu ebenfalls als Hexe und zeigt den Kindern, was man so alles in der Hexenküche mischen kann.
In die Flaschen wird etwas Wasser gefüllt. Bei kleineren Öffnungen muss hierbei ein Trichter verwendet werden. Allerlei Kräuter, Gräser und Gewürze werden hinzugefügt, wobei natürlich ständig Zaubersprüche gemurmelt werden. Auch das selbstgebastelte Hexenbuch (siehe: Kapitel 3) liegt aufgeschlagen daneben. Die Flaschen werden fest verschlossen und kräftig geschüttelt. Zuletzt beschriften wir die Mixturen mit schaurig – schönen Namen wie: „Gehackte Krötenbeine in Spinnenschleim": gut gegen Haarausfall oder „Schmutzige Fingernägel, eingelegt in Schlangeneiersaft": bringt süße Träume. Der Phantasie sind keine Grenzen gesetzt!
Gefärbtes Wasser erhält man, indem in die halb mit Wasser gefüllten Gläser ein farbiger Streifen Krepppapier getaucht wird. So ergeben sich gelbe, blaue, rote oder grüne Zaubersäfte. Gibt man einige Tropfen billiges Speiseöl hinzu, so wirkt die Flüssigkeit noch interessanter, da sich das Öl im Wasser absetzt. Wenn ihr die Gläser langsam umdreht, bewegen sich die Öltropfen im Wasser auf und ab.
Jetzt wissen die Kinder, was man als Hexe tun muss, will man sich einen Hexentrank mischen. Sogleich wollen die kleinen Hexen sich auch in der Hexenkunst probieren. Die Oberhexe sollte aber immer ein Auge darauf haben, damit die Kinder die gebrauten Köstlichkeiten nicht doch einmal probieren.

Duftfläschchen selber machen

Material: kleine durchsichtige Fläschchen, duftende Öle und/oder stark riechende Säfte, Watte

In kleine Fläschchen stopft man ein Wattebäuschchen. Darauf werden einige Tropfen ätherisches Öl (erhältlich in Naturwarenläden) geträufelt. Zitronenmelisse, Lavendel, Rosmarin, aber auch Maggi oder ein kleines Stück Zwiebel oder Knoblauch eignen sich wegen ihres intensiven Geruches sehr gut. Den Kindern macht es immer wieder Spaß, an den Fläschchen zu riechen und zu raten, was sich darin befindet. Der Duft sollte von Zeit zu Zeit aufgefrischt werden.

Getrocknete Gräser, Getreide und Blütenblätter

Verschiedene Gräser, Blumen und Getreide können zu Bündeln geschnürt von der Decke herabhängen oder an den Wänden befestigt werden. Unterschiedliche Kräuter werden getrocknet und anschließend zur Dekoration aufgehängt. Hierzu legt man die Kräuter am besten auf ein luftdurchlässiges Gitter oder Netz und lagert sie für einige Zeit an einem trockenen, zugigen Ort (Keller oder Dachboden). Die getrockneten Kräuter können auch gepresst und anschließend zur Gestaltung des Hexenbuches (siehe: Kapitel 3) verwendet werden.

Ein Tipp: Gräser sind länger haltbar, wenn sie in getönten Gläsern oder Kartons aufbewahrt werden!

Blütenblätter in verschiedenen Farben können von den Kinder zu Hause gesammelt und mit in den Kindergarten gebracht werden. Sie werden in Schalen oder kleineren Gefäßen gesammelt und in einem Regal in der Hexenküche aufgestellt. Besonders gut eignen sich hier: Rhododendron-, Rosen- oder auch Jasminblätter.

Der eigene Kräutergarten

Um ständig frische Kräuter für die Hexenküche zu haben, können die Kinder zusammen mit den Erwachsenen ein Kräuterbeet im Kindergarten oder zu Hause anlegen. In Balkonkästen oder Tontöpfen auf der Fensterbank ist dies ebenso möglich. Wenn ihr ein Kräuterbeet im Freien anlegen wollt, sollte der Platz so gewählt werden, dass euer Beet mindestens 4-5 Stunden täglich Sonne erhält. In Gärtnereien sind auch kleine Treibhäuser erhältlich, die für den Anfang schon genügen. Fürs Erste bieten sich folgende Kräuter an: Petersilie, Schnittlauch, Dill, Kresse, Salbei, Maggikraut, Minzearten, Rosmarin, Estragon, Basilikum. Manche Kräuter benötigen etwas mehr Pflege. Sie sollten zu Anfang nicht gesät werden, da die Kinder gerne und am besten natürlich auch sehr schnell ihre Samen keimen sehen wollen.

Der Hexengeburtstag

Am Waldrand, gleich hinter dem Dorf, stand ein kleines Haus. Es war kein besonders schönes Haus, denn alles an dem Haus war krumm und schief und dazu noch sehr klein. In diesem Haus wohnte eine kleine Hexe mit ihrem Raben Krummschnabel. Sie lebte schon seit 217 Jahren dort und ihr gefiel das Haus, gerade so wie es war. Vor dem Haus blühten viele bunte Blumen, die aber nicht schön nebeneinander gepflanzt in geraden Reihen standen, wie es wohl die Menschen im Dorf getan hätten. Die kleine Hexe hatte alle Blumen bunt durcheinander gesät, weil sie es so am schönsten fand.

Hinter dem Haus aber wuchsen allerlei Kräuter, ordentlich nebeneinander in Beeten gepflanzt. Vor jedem Beet hatte die Hexe ein Schild aufgestellt, auf dem der Name des Krautes zu lesen war. Das sah sehr ordentlich aus und war auch gut so, denn so konnte die kleine Hexe schnell die richtigen Kräuter finden, die sie in ihrer Hexenküche brauchte.

So viele Jahre lebte die kleine Hexe nun schon in diesem Haus, aber Freunde hatte sie leider keine. Denn all die anderen Hexen wohnten weit weg, tief im Wald. Doch dort wollte die kleine Hexe nicht wohnen, denn sie liebte den Sonnenschein und deshalb hatte sie ihr Haus lieber am lichten Waldrand gebaut.

„Ach, Krummschnabel", sprach die kleine Hexe eines Morgens zu ihrem Raben. „Wenn ich doch nur ein paar Freunde hätte, die mich ab und zu besuchen kämen. Dann wäre es nicht so schrecklich einsam hier." „Aber du hast doch mich", antwortete der Rabe beleidigt.

„Ja, das stimmt schon", erwiderte die Hexe und streichelte dem Raben zärtlich über seine Federn. „Aber morgen ist mein Geburtstag und ich hätte doch so gerne einmal eine richtige Geburtstagsfeier mit vielen Gästen. Wir könnten lustige Spiele machen und ich könnte ihnen all meine neuen Zauberkünste vorführen. Doch da wird wohl nichts draus", sagte die Hexe betrübt. „Bestimmt werden wir den ganzen Geburtstagskuchen wieder alleine essen müssen."

„Sei nicht traurig, kleine Hexe", krächzte der Rabe. „Ich werde dir ein schönes Liedchen singen. Und ein Geschenk habe ich auch schon für dich." Trotzdem wurde die Hexe nicht fröhlicher an diesem Morgen.

Nach dem Frühstück flog die Hexe auf ihrem Besen zur Schule im Dorf. Sie liebte es, die Kinder auf dem Schulhof zu belauschen und ihnen beim Spielen zuzusehen. Nichts wünschte sie sich sehnlicher, als einmal mitten unter ihnen zu sein. Aber sie wusste, die Kinder würden sich vor ihr fürchten, denn sie war ja eine Hexe und die meisten Menschen haben leider Angst vor Hexen. So musste sie sich immer hinter einem Strauch oder hoch oben im Baum verstecken und konnte den Kindern nur von Ferne zusehen.

Als die kleine Hexe sich an diesem Morgen gerade hinter dem Holunderbusch versteckt hatte, kamen die Kinder zur Pause auf den Schulhof gerannt. Ein Mädchen und ein Junge setzten sich auf die Bank vor dem Busch und holten ihre Frühstücksbrote hervor.

„Kommst du heute nachmittag auch zu meinem Hexengeburtstag?" fragte das Mädchen ihren Freund.

„Na klar. Ich habe auch schon ein ganz tolles Kostüm", antwortete der Junge. „Darin wird mich bestimmt niemand erkennen."

Die kleine Hexe horchte auf. Ein Hexengeburtstag! Das war die Idee! Schnell sauste sie auf ihrem Besen nach Hause. Dort angekommen kramte sie eilig Zettel und Stifte hervor.

„Was tust du denn da?" fragte der Rabe verwirrt.

„Ich muss Einladungen schreiben für mein Hexenfest", rief die Hexe und begann zu schreiben:

Einladung zum Hexenfest

Im kleinen Haus am Waldrand
findet morgen nachmittag ein großes Hexenfest statt.
Alle Kinder der Schule sind herzlich eingeladen.
Natürlich müsst ihr alle verkleidet kommen.

Eure kleine Hexe

Stolz las sie dem Raben die Einladung vor.

„Ja, glaubst du denn, die Kinder werden kommen?" fragte Krummschnabel kopfschüttelnd. „Sie kennen dich doch gar nicht."

„Aber sie wissen ja nicht, dass sie mich nicht kennen. Sie denken sicher, dass ich ein Kind aus ihrer Schule bin. Und wenn sie alle verkleidet kommen, wird mich auch niemand erkennen", antwortete die Hexe fröhlich. Eifrig schrieb sie die anderen Einladungen fertig.

Dann flog sie schnell auf ihrem Besen zurück und landete auf dem Dach des Schulhauses.

Bald darauf läutete die Schulglocke und die Kinder kamen aus dem Haus gerannt. Da warf die Hexe ihre Einladungen hoch in die Luft. Sie flatterten vom Dach herab und landeten den Kindern direkt vor den Füßen. Die Kinder hoben die Einladungen auf und blickten erstaunt nach oben. Doch die kleine Hexe hatte sich schnell wieder hinter dem Schornstein versteckt.

Aufgeregt lasen die Kinder die Einladung.

„Wer mag das wohl sein, der uns da einlädt?" hörte die Hexe einen Jungen fragen.

„Bestimmt ist es ein Kind aus der Schule!" rief ein Mädchen.

„Na, ich gehe jedenfalls dorthin. Ein Hexenfest finde ich toll, und das kleine Haus am Waldrand wollte ich mir immer schon mal ansehen. Es sieht so lustig aus."

Glücklich flog die Hexe nach Hause und erzählte dem Raben, was sie erlebt hatte.

Am nächsten Morgen stand die Hexe schon vor Sonnenaufgang auf. Sie hatte schließlich noch allerlei vorzubereiten. Zuerst backte sie zehn Kuchen. Na ja, alle hatte sie nicht selbst gebacken. Ein oder zwei zauberte sie schnell herbei. Sie musste ja auch noch das Haus schmücken, sich selbst ihr schönstes Kleid anziehen, den Kräutertee kochen, einen großen Blumenstrauß für den Geburtstagstisch pflücken und dem Raben eine rote Schleife umbinden. Denn schließlich sollte auch der Rabe hübsch aussehen. Um drei Uhr war die Hexe fertig mit der Arbeit.

Da hörte sie schon die ersten Kinderstimmen vor ihrer Haustür und bald darauf war das Haus voller Kinder. Jedes Kind hatte sich verkleidet und der Hexe ein Geschenk mitgebracht. So viele Geschenke hatte die kleine Hexe noch nie bekommen. Nachdem sie alle Geschenke ausgepackt hatte, führte die kleine Hexe die Kinder durch ihr Haus und zeigte ihnen dann ihre Hexenküche.

„Guten Tag", krächzte plötzlich Krummschnabel vom Schrank herab.

„Oh, du hast ja einen echten Raben!" rief ein Mädchen überrascht.

„Na klar, ich bin ja auch eine echte Hexe", sagte die kleine Hexe stolz.

„Aber wir dachten, das dies ein Hexengeburtstag bei einem Kind aus der Schule ist!", flüsterte ein Junge ängstlich.

„Ein Hexengeburtstag ist ja heute auch, denn ich werde heute 311 Jahre alt", rief die kleine Hexe.

Dann erzählte sie den Kindern von ihrer Idee mit der Einladung.

„Meine Eltern hätten mich bestimmt nicht zum Geburtstag bei einer richtigen Hexe gehen lassen", kicherte ein Mädchen vergnügt. Den anderen Kindern ging es ähnlich.

„Kommt", rief die kleine Hexe die Kinder zu Tisch, „der Geburtstagskuchen wartet schon."

Und dann konnte das Fest beginnen. Die kleine Hexe hatte sich viele lustige Spiele ausgedacht. Natürlich sollte sie den Kindern auch ein bisschen vorhexen. Aber das machte sie schließlich gern.

Am Abend flog die Hexe alle Kinder auf ihrem Hexenbesen nach Hause. Das war natürlich der größte Spaß. Die Kinder versprachen, die Hexe bald wieder zu besuchen. Glücklich und müde kroch die Hexe am Abend in ihr Bett.

„Ach, Krummschnabel! Das war mein schönster Geburtstag", murmelte sie glücklich und war bald darauf eingeschlafen.

Der eifersüchtige Rabe

Die kleine Hexe saß auf der Bank vor ihrem Haus und genoss die letzten Sonnenstrahlen des Herbstes. Ihr Rabe Krummschnabel hockte hinter ihr auf der Lehne, die Augen geschlossen und döste.
„Ich finde, wir sollten uns einen Kater anschaffen", sagte die Hexe plötzlich. „Zu einem ordentlichen Hexenhaus gehört schließlich auch ein Kater. Findest du nicht auch, Krummschnabel?"
Entsetzt schlug der Rabe die Augen auf.
„Ich mag keine Katzen!", krächzte er aufgebracht. „Und Katzen mögen mich nicht!"
„Ach, Krummschnabel, sei nicht gleich wütend", entgegnete die Hexe. „Bestimmt werdet ihr beiden euch gut verstehen. Ich habe gehört, der Bauer am Ende des Dorfes hat ein paar Katzen zu verschenken. Wir fliegen heute Nachmittag einmal hin und schauen sie uns an."
„Ohne mich", schimpfte der Rabe beleidigt und flog auf einen Baum.
Am Nachmittag machte die kleine Hexe sich also ohne den Raben auf den Weg zum Bauern und kehrte erst am Abend wieder zurück. Krummschnabel hatte sich auf den Schrank in der Hexenküche verzogen.
Die kleine Hexe stellte ihre Tasche auf den Tisch und öffnete sie.
„Komm her, Krummschnabel und sieh dir an, wen ich da mitgebracht habe!"
Doch der Rabe drehte sich um und gönnte der kleinen Hexe keinen Blick.
Vorsichtig griff die Hexe in die Tasche und hob einen großen, schwarzen Kater heraus.
„Ist er nicht schön? Du wirst ihn mögen. Er ist ganz lieb. Bestimmt werdet ihr zwei bald gute Freunde werden."
Die Hexe nahm im Sessel neben dem Ofen Platz und setzte sich den Kater auf den Schoß. Sogleich rollte der Kater sich genüsslich zusammen und schnurrte zufrieden. Die Hexe kraulte ihn am Hals und zwischen den Ohren.
„Sieh nur, wie brav er ist, Krummschnabel", versuchte sie noch einmal den Raben zu locken.
Doch der rührte sich nicht vom Fleck.
Als die kleine Hexe an diesem Abend zu Bett ging, tapste der Kater hinter ihr her und legte sich ans Fußende des Bettes.
„Nein, Kater. Dein Platz ist neben dem Ofen", rief die Hexe streng.
Sie nahm den Kater und setzte ihn auf die Decke, die sie für ihn neben den Ofen gelegt hatte.
Doch als die Hexe wieder in ihr Bett zurückgekehrt war, schlich sich der Kater erneut leise zu ihr. Diesmal schmiegte er sich sachte an sie und schnurrte dabei.
„Na gut. Ausnahmsweise darfst du heute einmal in meinem Bett schlafen", gab die Hexe nach.
Und so legte der Kater sich zufrieden ans Fußende und schlief ein. Der Rabe Krummschnabel hatte alles von seinem Platz auf dem Schrank beobachtet und schüttelte wütend den Kopf.
'Hab` ich es doch gewusst! Jetzt darf er sogar in ihrem Bett schlafen', dachte er grimmig.
„Krummschnabel, fliege los in den Wald und sieh nach, ob du Brennholz für uns findest," sagte die Hexe am nächsten Morgen direkt nach dem Frühstück. „Wir wollen heute nachmittag sammeln gehen, denn es wird bald Winter."
„Warum lässt du nicht den Kater gehen. Er liegt sowieso die ganze Zeit nur faul herum. Ein bisschen Bewegung täte ihm ganz gut", krächzte der Rabe mürrisch.
„Das kann ein Kater nicht", antwortete die Hexe. „Außerdem muss ich ihm noch sein Fell bürsten, damit es nicht stumpf wird."

Wütend flog der Rabe los. Als er zurückkehrte, lag der Kater schon wieder neben dem Ofen und schlief.

Am Nachmittag machte die Hexe sich auf den Weg, um Holz zu sammeln. Erst als es schon dunkel wurde, kehrte sie müde nach Hause zurück. Mit den letzten Bündeln Holz unter dem Arm trat sie zur Tür herein. Da sprang der Kater auch schon auf und strich geschmeidig um ihre Beine.

„Du hast sicher Hunger", sagte die Hexe, legte das Holz neben den Ofen und nahm den Kater auf den Arm.

„Soll er sich doch ein paar Mäuse fangen", krächzte der Rabe wütend. „Das tun andere Katzen schließlich auch."

„Das kann er noch nicht", antwortete die kleine Hexe. „Er kennt sich hier doch noch gar nicht aus." Sie goss dem Kater etwas Milch in ein Schälchen. Der Kater schleckte sie zufrieden auf.

Danach legte er sich zurück an den warmen Ofen. Am Abend aber schlich er sich wieder ans Fußende des Bettes, rollte sich dort zusammen und schnurrte zufrieden.

Die kleine Hexe schaute nur kurz auf, lächelte und sagte nichts.

'Mir reicht es', dachte der Rabe wütend. 'Morgen verschwinde ich von hier. Die Hexe kümmert sich ja sowieso nur noch um den Kater. Dieser faule Kerl wird den ganzen Tag bedient und jetzt darf er sogar jede Nacht in ihrem Bett schlafen. Das hält ja kein Rabe aus!'

Am nächsten Morgen, als die Hexe erwachte, war der Rabe Krummschnabel verschwunden. Die kleine Hexe rief nach ihm und suchte überall. Traurig setzte sie sich auf die Bank vor dem Haus. 'Vielleicht habe ich mich in letzter Zeit zu wenig um ihn gekümmert', dachte sie. 'Aber sicher kommt er bald wieder und dann will ich ganz lieb zu ihm sein.'

Am Nachmittag machte die Hexe einen Ausflug in den Wald. Als sie auf ihrem Besen über eine Lichtung flog, entdeckte sie einen großen Baumstamm.

'Den könnte ich noch gut gebrauchen', überlegte sie sich, 'denn der nächste Winter wird bestimmt sehr kalt.'

Sie drehte mit ihrem Besen in der Luft und setzte zur Landung an. Doch der Besen gehorchte ihr nicht und sauste mit voller Wucht gegen den Baumstamm. In hohem Bogen flog die Hexe vom Besen und landete auf der Erde. Sie stöhnte und jammerte, während sie sich wieder aufrappelte.

„Da habe ich mir aber tüchtig weh getan. Ich kann mit einem Fuß nicht auftreten und jetzt habe ich zu allem Unglück auch noch meinen Zauberstab zu Hause vergessen", klagte sie.

Währenddessen saß der Rabe Krummschnabel in seinem Lieblingsbaum in der Nähe des Hexenhauses und schmollte immer noch. Plötzlich hörte er ein Rufen aus dem Wald.

„Hilfe, Hilfe! Hört mich denn niemand?"

„Das ist doch die Stimme der kleinen Hexe!", rief der Rabe.

Schnell breitete er seine Flügel aus und sauste los. Nach kurzem Flug hatte er die Hexe entdeckt und landete auf dem Baumstamm.

„Ach, Krummschnabel", rief die Hexe glücklich. „Ich bin so froh, dass du mich gefunden hast. Ich habe mir den Fuß verstaucht und kann nicht mehr laufen. Kannst du mir meinen Zauberstab von zu Hause holen?" Sogleich flog der Rabe davon und war kurze Zeit später wieder mit dem Zauberstab zurück. Die Hexe kreiste den Zauberstab in der Luft und murmelte:

„Rickete, pickete, puh,
Der Fuß ist heile im Nu!"

Vorsichtig stellte sie sich auf die Beine und bewegte den Fuß.

„Alles wieder in Ordnung. Das war wirklich nett von dir, Krummschnabel."

Der Rabe flog auf ihre Schulter und schmiegte seinen Kopf an ihren Hals.
„Willst du nicht wieder nach Hause kommen? Ich habe dich so vermisst", bat ihn die kleine Hexe.
„Na gut", stimmte Krummschnabel zögernd zu. „Ich habe sowieso gerade nichts Besseres vor."
Er setzte sich auf den Besen und gemeinsam flogen die beiden nach Hause.
Von diesem Tag an änderte sich einiges im Hexenhaus. Ob das dem Kater so gefiel?

Der verzauberte Wald

Es war ein sonniger Frühlingsmorgen. Die ersten Sonnenstrahlen fielen durch das Fenster und wärmten die kleine Hexe an der Nasenspitze. Sie reckte und streckte sich genüsslich in ihrem Bett und schaute aus dem Fenster.

„Guten Morgen, Krummschnabel", begrüßte sie ihren Raben. „Ist das nicht ein herrlicher Tag? Wir wollen heute einen Ausflug in den Wald machen. Aber zuerst wird gefrühstückt. Flieg` du schon einmal in den Garten und hole uns ein paar Kräuter für den Quark", bat sie den Raben.

„Keine Lust", krächzte der Rabe mürrisch.

„Aber du willst doch auch frühstücken. Also musst du auch mithelfen. Nun mach schon!", befahl die Hexe.

„Ich mag keinen Quark. Wenn du Kräuter haben willst, dann hole sie dir selbst", antwortete der Rabe frech. Wütend sprang die Hexe aus ihrem Bett, zog sich ihre Kleider an und stapfte hinaus in den Garten.

Als sie zurückkehrte, saß der Rabe immer noch auf dem Schrank. Die Hexe deckte für sich den Tisch und begann zu essen.

„Und was bekomme ich?", fragte der Rabe.

„Wenn du etwas essen willst," antwortete die Hexe, „dann hole es dir doch selbst!"

Da breitete der Rabe seine Flügel aus und sauste über den Kopf der kleinen Hexe hinweg. Mit seinen Krallen zupfte er der Hexe an den Haaren. Fröhlich krächzend landete er wieder auf dem Schrank.

„Au! Was tust du denn dann?" schrie die Hexe wütend. „Oh, du bist ein frecher Rabe."

„Immer soll ich dich bedienen und du tust nie etwas für mich, wenn ich dich darum bitte", rief die Hexe. „Zur Strafe darfst du heute nicht mit auf den Ausflug kommen!"

Wütend schimpfte der Rabe drauflos. Doch alles Schimpfen half nichts. Nach dem Frühstück setzte die Hexe sich auf ihren Besen und flog davon.

Sie flog über die Baumwipfel hinweg und ließ ihren Besen im Wind auf und nieder schweben. Bald war ihre Wut über den frechen Raben verflogen.

'Wenn ich zurück bin, werden wir uns wieder vertragen', dachte sie.

Da hörte sie plötzlich unter sich ein lautes Plätschern. Dort unten floß der Mühlenbach, das wusste die kleine Hexe. Doch sein sonst so sanftes Plätschern klang heute viel lauter. Geschwind sauste die Hexe auf den Bach zu und landete dicht neben dem Ufer.

Sie stieg von ihrem Besen und schaute ins Wasser. Da sah sie die Steine im Wasser auf und ab springen, als ob sie ein lustiges Tänzchen vorführten. Die Fische aber hatten sich vor Schreck ganz dicht ans Ufer zurückgezogen und schauten dem merkwürdigen Treiben ängstlich zu.

„Nanu, was ist denn hier passiert!", rief die Hexe entsetzt. „Wartet nur, Fische, ich helfe euch!"

Schnell zog sie ihren Zauberstab hervor und ließ ihn in der Luft kreisen.

„Rickete, pickete, puh, ihr Steine kommt zur Ruh´!", rief sie.

Schon sanken die Steine langsam herab und blieben reglos auf dem Grund liegen.

Die Fische blieben noch für kurze Zeit am Ufer, doch bald schwammen sie wieder zufrieden durchs Wasser.

Nachdenklich setzte die Hexe sich auf ihren Besen und stieg wieder in die Lüfte.

Nach einer Weile entdeckte sie unter sich eine große Waldlichtung.

'Was für ein herrliches Plätzchen!', dachte sie. 'Hier werde ich mich ein wenig ausruhen.'

Sanft landete sie in dem noch etwas feuchten Gras.

„Hilfe, Hilfe! Oh, warum hilft mir denn niemand?", hörte sie plötzlich ein Stimme.

Das Rufen kam von einer hohen Eiche am Rand der Lichtung. Schnell lief die Hexe hinüber. Ein Eichhörnchen saß verzweifelt hoch oben im Baum und schüttelte aufgeregt den Kopf.

Die Hexe schwang sich auf ihren Besen und flog hinauf.

„Was ist denn geschehen?", fragte sie das Eichhörnchen.

„Sieh' nur! Jemand hat meine schöne Baumhöhle mit Brettern zugenagelt. Jetzt kann ich überhaupt nicht mehr an meine Futtervorräte!", antwortete das Eichhörnchen aufgebracht.

„Warte nur. Ich helfe dir", rief die Hexe. Wieder kramte sie ihren Zauberstab hervor und murmelte schnell einen Zauberspruch. Im Nu waren die Bretter verschwunden.

„Danke, kleine Hexe!", rief das Eichhörnchen glücklich und sprang in seine Höhle.

Nachdem die Hexe wieder auf der Wiese gelandet war, setzte sie sich nachdenklich auf einen Baumstumpf. 'Was ist denn heute im Wald los? Irgendjemand scheint sich einen seltsamen Spaß zu erlauben', fragte sie sich nachdenklich.

Sie setzte sich wieder auf ihren Besen und flog zum kleinen Waldsee. Die Hexe liebte es, dort zu baden, denn der See lag ganz versteckt mitten im Wald und jetzt, nachdem die Sonne schon ein paar Tage geschienen hatte, war das Wasser sicherlich angenehm warm.

Als die Hexe jedoch auf den See zuflog, sah sie schon von weitem ein riesiges Blumenmeer. Der ganze See war zugewachsen mit riesengroßen Seerosen, die in allerlei bunten Farben leuchteten.

Die Hexe liebte Seerosen, doch so große und so viele hatte sie noch nie gesehen. Der ganze See war bedeckt und man konnte das Wasser darunter gar nicht mehr sehen.

'Hier geht's doch nicht mit rechten Dingen zu!', dachte die Hexe. Schnell sprach sie einen Zauberspruch und kreiste mit dem Zauberstab durch die Luft.

Sogleich verschwanden die Seerosen und der See mit seinem klaren Wasser glitzerte in der Sonne. Doch die Lust am Baden war der Hexe vergangen. Wütend setzte sie sich ans Ufer.

'Mein ganzer Ausflug ist mir verdorben,' dachte sie ärgerlich. 'Ich will lieber wieder nach Hause fliegen. Wer weiß, was mir sonst noch so alles passiert im Wald.' Sie setzte sich auf ihren Besen, drehte eine kleine Schleife in der Luft und sauste los.

Plötzlich zogen über ihr dunkle Wolken auf und ehe die Hexe sich recht versah, brach ein gewaltiges Gewitter los. Der Regen peitschte auf sie hernieder und der Wind schleuderte sie hoch durch die Luft. Es blitzte und donnerte und die Hexe konnte sich kaum noch auf ihrem Besen halten.

Durchnässt und völlig erschöpft landete sie schließlich vor ihrem Haus.

Sie stellte den Besen draußen ab und wollte gerade zur Tür hereintreten, da sah sie im Vorbeigehen durchs Fenster. Der Rabe Krummschnabel hockte auf dem Küchentisch. Vor ihm lag das aufgeschlagene Hexenbuch. 'Nanu', dachte die kleine Hexe. 'Was macht Krummschnabel denn da?'

Neugierig betrat sie ihr Haus. Als der Rabe sie erblickte, schwang er sich schnell in die Höhe und verkroch sich auf dem Schrank.

„Was hast du mit meinem Zauberbuch gemacht?", rief die Hexe aufgeregt.

„Hast du etwa den ganzen Wald verhext?", fiel ihr plötzlich ein.

„Na, ja", stammelte der Rabe kleinlaut, „ich wollte doch auch einmal hexen", gestand er schließlich.

Und dann erzählte er der kleinen Hexe, dass er sich ja nur mit ihr am Morgen gestritten hatte, damit sie ohne ihn losflog und er einmal in aller Ruhe hexen konnte.

„Ich hab's ja nur gemacht, weil du mich nie hexen lässt. Und ich möchte es doch so gerne auch einmal probieren", bettelte er. Da konnte die Hexe nicht länger wütend sein.

„Gut", sagte sie schließlich. „Ich werde dich das Hexen lehren. Aber du musst mir versprechen, dass du nie wieder solch ein Durcheinander zauberst!"

„Es hat eben nicht so recht geklappt mit dem Hexen", krächzte der Rabe und zupfte sich glücklich mit dem Schnabel an seinen Federn.

Am nächsten Morgen wachte die Hexe wieder früh auf. Müde stieg sie aus ihrem Bett und ging in die Küche. Sie traute ihren Augen nicht. Der Frühstückstisch war gedeckt und es duftete nach frischem Kräutertee.

Ja, und wer saß denn da am Tisch? Der Rabe Krummschnabel. Er hatte sich eine Schulmütze über den Kopf gezogen, Stifte und Papier lagen ordentlich nebeneinander vor seinem Platz.

Er wartete auf seine erste Hexenstunde!

Finger -, Sing- und Kreisspiele, die Hexen Spaß machen

Der Rabe Maribu

Ein Fingerspiel

Dort oben auf dem Dach,	*mit beiden Händen ein Dach darstellen*
macht einer ganz viel Krach.	*krächzen wie ein Rabe*
Es ist der Rabe Maribu.	
Er macht den Schnabel auf und zu.	*die Handflächen zusammenhalten und einen sich öffnenden und schließenden Schnabel darstellen*
Da schleicht die Katze leise hinzu.	*mit den Fingern einer Hand über den Tisch schleichen*
Sie ärgert gern den Maribu.	*wie eine Katze*
Nein, Katze, da wird nichts draus.	*Zeigefinger in die Luft strecken und verneinend schütteln*
Der Rabe breitet die Flügel aus.	*beide Arme abspreizen*
Er gleitet vom Dach und krächzt dazu.	*Arme wie Flügel eines Vogels schlagen und dabei*
„Ich bin der Rabe Maribu."	*krächzen*
Doch die Katze, ach wie dumm,	
macht den Buckel ganz schnell krumm.	*die Finger einer Hand auf dem Tisch aufstellen wie den Buckel einer Katze*
Denkt, was du kannst, kann ich auch.	
Springt, und landet auf dem Bauch.	*Hand zum Sprung ansetzen und mit der Handfläche auf den Tisch schlagen.*

Das Haus im Wald

Ein Fingerspiel

Fünf Kinder sind in den Wald gegangen, — *Die fünf Finger einer Hand hochhalten und bewegen.*
dort wollten sie eine Hexe fangen.

Bald kamen sie an ein kleines Haus, — *Mit beiden Händen das Dach eines Hauses darstellen.*
das sah im Dunkeln gar merkwürdig aus.

Das erste Kind sprach: „Klopft ihr an die Tür! — *Den Daumen hochhalten.*
Ich bleibe lieber so lange hier!"

Das zweite Kind begann gleich zu weinen: — *Den Zeigefinger hochhalten und weinerlich sprechen.*
„Ich kann Hexen gar nicht leiden!"

Das dritte Kind hielt sich die Hand vors Gesicht. — *Den Mittelfinger hochheben. Anschließend die andere*
„So sieht mich die freche Hexe nicht!" — *Hand vor die Augen halten.*

Das Vierte versteckte sich schnell hinterm Baum. — *Den Ringfinger hochhalten und mit der Hand eine*
„Dort findet die Hexe mich wohl kaum." — *weggehende Bewegung machen.*

Das fünfte Kind aber trat vor die Tür. — *Den kleinen Finger hochhalten. Anschließend mit der*
Klopfte an: „Wohnt die Hexe hier?" — *anderen Hand auf die Tischplatte klopfen.*

Da schaute die Hexe zum Fenster heraus. — *Die Hand an die Stirn legen und suchend umher blicken.*
Sah eigentlich gar nicht zum Fürchten aus.

Sie rief die Kinder zu sich herein, — *Den Zeigefinger krümmen und die Kinder hereinrufen.*
und lud sie alle zum Kuchen ein. — *Mit beiden Händen einen Kreis vor dem Körper in die*
— *Luft malen, der einen runden Kuchen darstellen soll.*

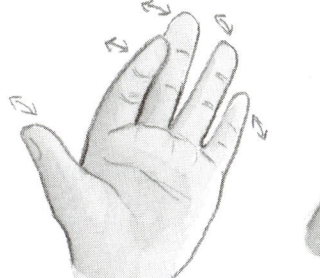  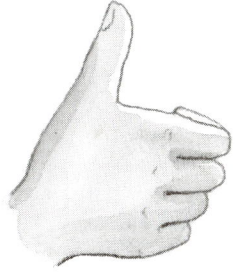

Kleine Hexe fliegst du fort?

Ein Spiellied

Die Kinder sind als Hexen verkleidet und verteilen sich mit ihren Hexenbesen im Raum. Dort setzen sie sich auf den Boden. Ein Kind eröffnet die Spielrunde. Es steigt auf seinen Besen und fliegt damit durch das Zimmer. Die Hexen singen gemeinsam währenddessen das folgende Lied:
(Melodie: Bruder Jakob)

Kleine Hexe, kleine Hexe,
fliegst du fort, fliegst du fort?
Reitest auf dem Besen, reitest auf dem Besen.
Nimm mich mit! Nimm mich mit!

Beim letzten Vers tippt die fliegende Hexe einem Kind auf die Schulter. Dieses schwingt sich nun ebenfalls auf seinen Besen und fliegt hinter der Hexe her. Jetzt beginnt das Spiel von vorne und wird so lange gespielt, bis alle Kinder als Hexen hintereinander durch den Raum fliegen.

Die Hex' ist da

Ein Spiellied

(Melodie: Der Herbst, der Herbst, der Herbst ist da!)

Die Hex', die Hex', die Hex' ist da.
Sie spielt mit uns, das ist doch klar.
Stampft laut auf den Boden.
Heut woll'n wir einmal toben.
Die Hex', die Hex', die Hex' ist da.

Die Hex', die Hex', die Hex' ist da.
Sie spielt mit uns, das ist doch klar.
Schleicht wie eine Katze.
Und hebt dabei die Tatze.
Die Hex', die Hex', die Hex' ist da.

Die Hex', die Hex', die Hex' ist da.
Sie spielt mit uns, das ist doch klar.
Hüpft auf einem Beine.
So tanzt sie nicht alleine.
Die Hex', die Hex', die Hex' ist da.

Die Hex', die Hex', die Hex' ist da.
Sie spielt mit uns, das ist doch klar.
Flüstert jetzt ganz leise.
Nach alter Hexenweise.
Die Hex', die Hex', die Hex' ist da.

Die Hex', die Hex', die Hex' ist da.
Sie spielt mit uns, das ist doch klar.
Legt sich zum Schlafe nieder.
Und streckt dann ihre Glieder.
Die Hex', die Hex', die Hex' ist da.

Alle Kinder singen das Lied, bewegen sich dazu kreuz und quer durch den Raum und führen entsprechend dem Text die Bewegungen aus.

Die schlafende Hexe

Ein Bewegungsspiel

Material: eine Wolldecke

In die Mitte des Spielkreises legt sich ein Kind, das sich als Hexe verkleidet hat. Es wird mit einer Decke zugedeckt. Die übrigen Kinder verteilen sich gemeinsam mit der Oberhexe in einem Kreis um die schlafende Hexe.
Alle sprechen zusammen die folgenden Verse und führen die Bewegungen dazu aus. Die Oberhexe macht die Bewegungen dazu vor.

Wo ist denn die Hexe nur? — *alle legen die Hand vor die Stirn und schauen sich suchend um*

Ich schaue schnell mal auf die Uhr. — *auf die Armbanduhr sehen*
Ach herrje, es ist gleich acht, — *eine Hand entsetzt blickend an den Mund legen*
ist sie noch nicht aufgewacht?
Seht, da liegt die Hex im Bett, — *mit dem Zeigefinger deuten alle auf die schlafende Hexe*
schnarcht ganz laut, das ist nicht nett! — *in der Kreismitte und schütteln dabei mit den Köpfen.*
Kommt, wir schleichen leise ins Haus,
kitzeln schnell die Hexe aus!

Alle schleichen sich leise heran und kitzeln die schlafende Hexe wach. Anschließend darf ein anderes Kind die Hexe in der Mitte spielen.

Aus einem kleinen Hexenhaus

Ein Bewegungsspiel

Material: ein Schuhkarton, Schere, Flüssigklebstoff, eine Styroporkugel, 1 Rundholzstab (Länge: ca. 30 cm), schwarzer Stift, ein kleines Stück Stoff

Für diesen Bewegungsvers wird aus einem Schuhkarton ein Hexenhaus gestaltet. Dazu wird der Karton mit der geöffneten Seite auf den Tisch gestellt. In eine Querseite schneiden wir mit einem Teppichmesser eine Tür, die sich öffnen lässt. Die Tür sollte so groß sein, dass der nachstehend beschriebene Hexenkopf bequem hindurch passt. Die gegenüberliegende Seite wird ganz herausgeschnitten, da von dort die Oberhexe in den Karton greift und die Hexe führt.

In eine Styroporkugel (Durchmesser ca. 5 – 6 cm) bohren wir ein kleines Loch und stecken einen ca. 20 cm langen Holzstab hinein. Der Stab sollte fest in der Kugel sitzen. Eventuell kann er mit etwas Flüssigkleber angeklebt werden. Auf die Kugel wird ein Gesicht mit Filzstift gemalt. Zuletzt bindet man ein zu einem Dreieck zurecht geschnittenes Stück bunten Stoff als Kopftuch um den Kopf.

Nun kann das Hexenspiel beginnen. Die Oberhexe hockt sich hinter den Karton und führt die Hexenstabpuppe, während sie den ersten Vers spricht, aus der Tür des Hexenhauses heraus. Die Kinder setzen sich vor dem Hexenhaus auf den Boden.

> *„Aus einem kleinen Hexenhaus.*
> *Schaut die Hex' zur Tür heraus.*
> *Guten Tag, liebe Kinder, habt ihr mich geweckt?*
> *Ach, das ist aber wirklich nicht nett!*
> *Drum zeige ich euch jetzt im Nu,*
> *Was ich alles zaubern kann, hört gut zu!"*

1. „Ixel, Bixel kunterbunt.
   Ich verwandle euch in einen Hund."

Die zu Hunden verzauberten Kinder springen bellend auf allen Vieren im Raum umher.

„Ruckel, zuckel, ei der Daus,
ist der Zauber wieder aus."

Mit diesem Vers verwandelt die Hexe die Kinder immer wieder zurück.

„Weiter geht die Hexerei,
Kommt ihr Hexen schnell herbei!"

Die Kinder laufen zurück vor das Hexenhaus und warten auf den nächsten Zauberspruch. (Dieser Vers folgt nach jedem Zauberspruch.)

2. „Rabenfeder, Hexenbrei,
   ihr seid nun ein Papagei!"

3. „Warzen, Buckel, krumme Nasen,
   ich verzaubere euch in kleine Hasen."

4. „Ulux, Krulux, dicke Beule,
   ihr seid eine alte Eule."

5. „Hokus, Pokus, gar nicht bange,
   ihr seid jetzt eine lange Schlange."

6. „Krötenschleim und Spinnenbein,
   ihr seid alle klitzeklein."

Bestimmt fallen euch noch allerlei lustige Sprüche ein, mit denen die Hexe die Kinder verzaubern kann. Das Spiel könnte folgendermaßen beendet werden.
Die Hexe gähnt und spricht:

„Für heute ist der Zauber aus.
Drum, liebe Kinder geht nach Haus.
Verflogen ist die Zauberkraft.
Ich wünsche euch eine „Gute Nacht!"

Die Hexe geht zurück in ihr Haus und schließt die Tür.

Die kleine Hexe Hui
Eine Mitmachgeschichte für den Stuhlkreis

Bei dieser Mitspielgeschichte nehmen die Kinder im Kreis Platz. Zunächst wird der Text von der Oberhexe gesprochen und die Bewegungen werden von den Kindern nachgemacht. Doch mit etwas Übung, kennen die Kinder schon bald den Text auswendig und können ihn mitsprechen. Solche Mitspielgeschichten erhalten ihre Wirkung vor allem durch die Darstellung des Erwachsenen. Das bedeutet, die Oberhexe sollte Stimme, Gestik, Mimik und Sprechtempo dem Text und Inhalt der Geschichte anpassen, mal flüstern, mal das Tempo steigern, die Stimme senken und heben oder auch unheimlich klingen lassen. Aber bei häufigem Spielen, wird dies sicher schnell gelingen.

Geschichte	Aktionen zum Text
Es war einmal eine kleine Hexe mit Namen „Hui".	*bei dem Wort „Hui" bewegen die Kinder beide Arme nach oben in die Luft*
Die wohnte in einem Haus tief im Wald.	*die Kinder bilden mit beiden Armen ein Haus über ihren Köpfen.*
Die Hexe hatte drei Tiere.	*drei Finger werden in die Luft gestreckt.*
Die alte Eule „Huhu".	*die Kinder legen Zeigefinger und Daumen zu zwei Ringen zusammen, halten sie vor ihre Augen und stellen Eulenaugen dar. Dabei rufen alle „Huhu"!*
Den frechen Raben „Kra Kra".	*beide Arme seitlich am Körper anwinkeln (Flügelschlag) und „Kra Kra" rufen*
Und der wilde Kater „Chrr"!	*alle Kinder machen ein böses, wildes Gesicht, fauchen dazu wie ein Kater und zeigen ihre Krallen (Finger)*
Alle drei Tiere wollten so gerne bei der kleinen Hexe „Hui" im Bett schlafen, denn dort war es so schön kuschelig und warm.	*bei „Hui" heben die Kinder wieder ihre Hände in die Höhe die Kinder legen beide Arme an den Körper und kuscheln*
Das wollten: die alte Eule „Huhu".	*Eule wie oben darstellen*
Der freche Rabe „Kra Kra".	*Rabe wie oben darstellen*
Und der wilde Kater „Chrr".	*Kater wie oben darstellen*
Abends, als die Hexe „Hui" in ihrem Bett lag und schlief, öffnete sich plötzlich die Tür – quietsch – jemand schlich auf leisen Sohlen ins Zimmer, schlug die Bettdecke hoch, kroch hinein und schlief ein. Es war die alte Eule „Huhu".	*Arme bei „Hui" hochheben* *Tür pantomimisch öffnen die Bewegungen werden von den Kindern pantomimisch dargestellt (Türe öffnen/ schleichen/ Bettdecke zurückschlagen / darunter schlüpfen und einschlafen) Eule darstellen*

Plötzlich öffnete sich wieder
die Tür – quietsch – jemand schlich
auf leisen Sohlen ins Zimmer,
schlug die Bettdecke hoch,
kroch hinein und schlief ein.
Es war der freche Rabe „Kra Kra".

die Kinder spielen die Bewegungen,
wie in der vorherigen Strophe beschrieben

Raben darstellen

Ein drittes Mal öffnete sich die
Türe – quietsch – jemand schlich
auf leisen Sohlen ins Zimmer,
schlug die Bettdecke hoch
tastete und tastete
Da lag : die alte Eule „Huhu",
der freche Rabe „Kra Kra",
und die kleine Hexe „Hui",
und alle wurden wach!

Türe öffnen, schleichen und
die Bewegungen nachahmen

mit den Händen tasten
Eule darstellen
Raben darstellen
Arme bei „Hui" heben
mit beiden Händen auf die Oberschenkel klatschen

Da sprang die Hexe „Hui"
aus dem Bett
Und jagte die Tiere
zur Türe hinaus:
die alte Eule „Huhu",
den frechen Raben „Kra Kra",
und den wilden Kater „Chrr".

die Kinder springen von ihren
Plätzen auf
auf der Stelle laufend die Tiere
pantomimisch verscheuchen
alle drei Tiere darstellen und mit
verbalen Lauten unterstützen

Sie scheuchte sie weit in den dunklen
Wald hinein.

Müde kehrte die kleine Hexe „Hui"
zu ihrem Haus zurück.
Sie öffnete die Tür – quietsch -
schlich zu ihrem Bett, schlug die
Bettdecke hoch und da lagen:
die alte Eule „Huhu",
der freche Rabe „Kra Kra",
und der wilde Kater „Chrr".
Und alle drei schliefen und
schnarchten ganz laut.

bei „Hui" Arme wieder heben
und gähnen
Bewegungen wie oben beschrieben
spielen

Tiere darstellen

schlafen darstellen und schnarchen

Der vergessene Zauberbrei

Ein Bewegungsspiel

Bei diesem Bewegungsspiel setzen sich die kleinen Hexen im Kreis zusammen. Die Oberhexe macht die Bewegungen vor. Die Kinder ahmen sie nach. Vor jedem Kind sollte ein Zauberstab (oder ein Stock) liegen.

Es donnert.
die Kinder trommeln mit den Fäusten vor sich auf den Boden oder Tisch

Es blitzt.
die Kinder fahren mit den Armen in einer schnellen Bewegung nach vorn und stoßen einen zischenden Laut aus

Es zischt.
die Handflächen werden beim Zischen aneinander gerieben

Es kracht.
mit flachen Händen schlagen die Kinder auf den Tisch und rufen dabei „bum!"

Da ist die Hexe aufgewacht.
Sie reckt sich.
die Arme werden in die Luft gestreckt die Kinder recken
Sie streckt sich.
und strecken sich
Und rümpft dann die Nas.
die Nase rümpfen
Puh, es stinkt so, was ist denn das?
alle halten sich die Nasen zu und verziehen dabei das Gesicht
Ach herrje und ei der Daus.
Es blubbert aus dem Kochtopf raus!
die Kinder stellen mit ihren Arme durch weit ausladende Bewegungen das Blubbern eines überschwappenden Hexenbreis dar

Es donnert.
die Bewegungen, wie oben beschrieben, werden wiederholt
Es blitzt.
Es zischt.
Es kracht.
Die Hex' hat an den Brei nicht gedacht.
ein entsetztes Gesicht machen und dabei beide Hände seitlich an den Kopf legen

Schnell den Zauberstab herbei.
die Kinder, ebenso wie die Spielleitung, nehmen den vor sich liegenden Zauberstab in die Hand

Eins, zwei, drei der Spuk ist nun vorbei!
Gemeinsam sprechen alle den Zauberspruch und lassen dabei den Zauberstab kreisen

Hexensprüche und Zaubertricks

Wer in einer Hexenküche brutzelt, braucht natürlich auch ein paar gute Zaubersprüche, wenn der Brei im Kochtopf gerührt wird und sich in einen richtigen Zauberbrei verwandeln soll. Ebenso ist es natürlich für jede Hexe, besonders aber für eine gute Oberhexe, wichtig, immer einige Hexenzaubersprüche parat zu haben. Kinder denken sich aber auch gerne selbst im Spiel Zaubersprüche aus oder greifen auf altbekannte zurück. Die folgenden Zaubersprüche eignen sich besonders für das Rollenspiel in der selbstgebastelten Hexenküche oder bei der Durchführung eines Hexenfestes.

Sprüche für kleine und große Hexen

Schrickelti, Schrackelti, aufgepasst!
Hexen, das macht sehr viel Spaß!

Sammle Kräuter schnell im Garten.
Denn ich kann jetzt nicht mehr warten.
Schnell aufs Feuer einen Scheit.
Bin zum Hexen nun bereit.

Erst die Kräuter, eh sie welken.
Salbei, Minze, frische Nelken.
Dann die Milch von einer Kuh.
Etwas Dreck vom alten Schuh.

Hafer, Roggen, Gerste, Weizen.
Müssen kochen nun ein Weilchen.
Und zum Schluss ein Vogelei.
Fertig ist der Hexenbrei.

Spinnenbein und Mäusespeck.
Krötenschleim und Katzendreck.
Etwas Kresse, ein Bund Lauch.
Gehackte Nüsse hab` ich auch.

Rühr`s zusammen in der Küche.
Flüstere leise die Zaubersprüche.
Bis es blubbert, zischt und kracht.
In der ersten Maiennacht.

Mit dem folgenden Hexenspruch könnt ihr euch getrost auf euren Hexenbesen schwingen und lossausen.

Alter Besen, komm herbei!
Deine Ruh sei nun vorbei.
Wie auf Wolken, federleicht.
Trägt dein Stiel mich jetzt sogleich.
Huidi, Duidi, du.
Sause los im Nu!

Natürlich gehören zu einem Hexenfest auch einige verblüffende Hexereien, die ihr den anderen Hexen einmal vorführen könnt. Dafür gibt es aber, wie ihr bestimmt schon ahnt, ganz einfache Erklärungen, die am Ende der einzelnen Vorschläge stehen und euch die Zaubereien verständlich machen sollen. Vielleicht probiert ihr die Hexentricks auch gemeinsam mit anderen kleinen Hexen aus.

Das verhexte Papier

Material: ein Blatt Papier, drei Weingläser, Wasser

Das Blatt Papier müsst ihr zunächst im Zickzack falten. Auf den Tisch stellt ihr zwei Weingläser und legt dann das gefaltete Blatt auf die beiden Gläser. Rückt die Gläser in den entsprechenden Abstand. Jetzt wird das dritte Glas mit Wasser gefüllt.
Schnell murmelt ihr einen lustigen Spruch aus eurem Hexenbuch und stellt dabei das Glas Wasser auf die Papierbrücke. Die Brücke hält und trägt das gefüllte Glas.
Nanu, wie geht denn das?
Ganz einfach. Indem ihr das Blatt Papier faltet, verteilt sich die Kraft auf verschiedene einzelne Ebenen und so kann das Blatt euer Glas tragen.

Das Zauberei

Material: eine Glaskaraffe, ein Ei, etwas Zeitungspapier, Streichhölzer

Zuerst müsst ihr ein Ei etwa acht Minuten kochen und, solange es noch warm ist, schälen. Aus einem Stück Zeitung faltet ihr ein längliches Stück. Jetzt kann die Hexerei beginnen.

Wieder braucht ihr einen guten Zauberspruch. Während ihr den Spruch flüstert, zündet ihr das Zeitungspapier an und werft es in die Flasche. Schnell setzt ihr das Ei wie einen Stöpsel oben auf den Karaffenhals. Es dauert nicht lange, dann verschwindet euer Ei wie von Zauberhand in der Flasche.

Nanu, wie geht denn das?

Die Erklärung für diese „Zauberei" ist für jüngere Kinder sicherlich noch nicht ganz leicht zu begreifen. Trotzdem ist diese kleine Zauberei auch für Jüngere sehr faszinierend. In eurer Flasche ist Luft, die sich durch die Wärme, die beim Verbrennen der Zeitung entsteht, ausdehnt. Bald ist nur noch ganz wenig verdünnte Luft in der Karaffe. Durch das Ei, das oben auf dem Karaffenhals sitzt, kann nichts entweichen. Wenn sich jetzt die Luft in der Karaffe abkühlt, entsteht in der Flasche ein Unterdruck, wodurch euer Ei mit Hilfe des äußeren Drucks in unserer Atmosphäre in die Karaffe gedrückt wird.

Die Wunderblume

Material: etwas rote oder blaue Tinte (oder auch Lebensmittelfarbe), eine Blume mit weißer Blüte, ein Glas Wasser

Die Tinte oder Farbe gebt ihr in ein Glas Wasser. Den Blütenstengel müsst ihr schräg anschneiden. Stellt dabei die Blume in das gefärbte Wasser. Nun müsst ihr ein paar Stunden warten.

Wenn dann die Gäste auf eurem Hexenfest eingetroffen sind, holt ihr die Blume im Glas hervor. Legt euer Hexenbuch auf den Tisch und murmelt einen passenden Spruch dazu.

Wenn eure Blume sich noch nicht gleich verfärbt, so erklärt ihr den anderen Hexen, dass dies ein sehr schwieriger Hexenspruch sei, der einige Zeit braucht, ehe er wirkt. Schon bald beginnt eure Blume sich zu verfärben.

Nanu, wie geht denn das?

Die Blume nimmt die Flüssigkeit durch den Stengel auf und befördert ihn bis in die Blütenblätter. Das Wasser verdunstet, die Spitzen der Blüte verfärben sich.

Rezepte aus der Hexenküche

Zu einem richtigen Hexenfest gehören natürlich auch viele leckere Speisen und Getränke. Wenn diese dann auch noch etwas geheimnisvoll aussehen und trotzdem allen schmecken, kann der Hexenschmaus beginnen.

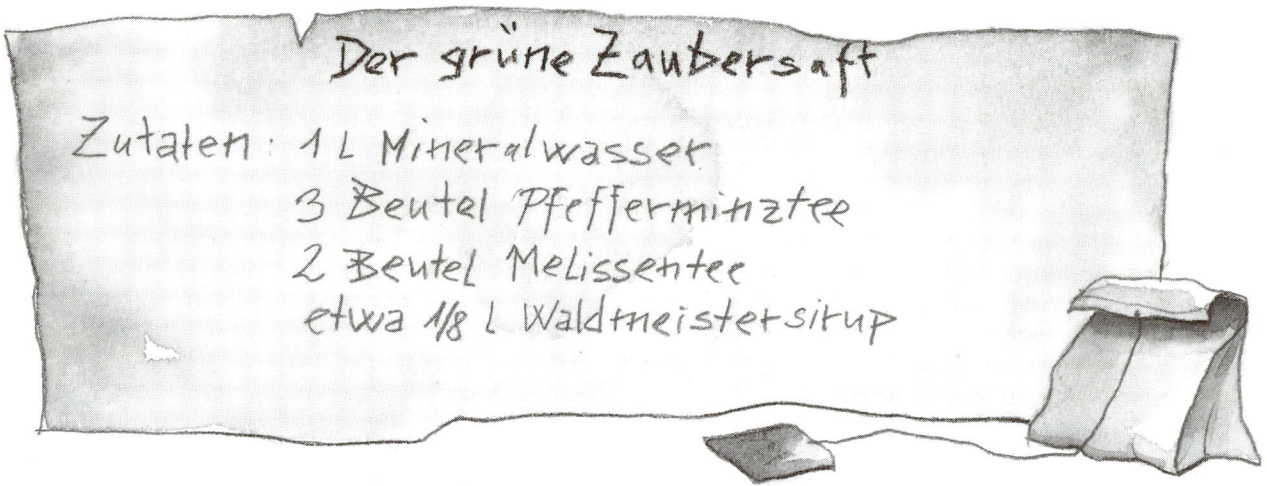

Der grüne Zaubersaft

Zutaten: 1 L Mineralwasser
3 Beutel Pfefferminztee
2 Beutel Melissentee
etwa 1/8 L Waldmeistersirup

Zubereitung: Das Wasser zum Kochen bringen und über die Teebeutel gießen. Den Tee etwa 5 – 6 Minuten ziehen lassen. Anschließend die Beutel herausnehmen und den Tee abkühlen lassen. Kurz vor dem Servieren den Waldmeistersirup hinzufügen und damit abschmecken. Die Ränder der Gläser mit etwas Zitronensaft einreiben und in Zucker tauchen. Dann erhaltet Ihr einen glitzernden Rand an euren Gläsern.

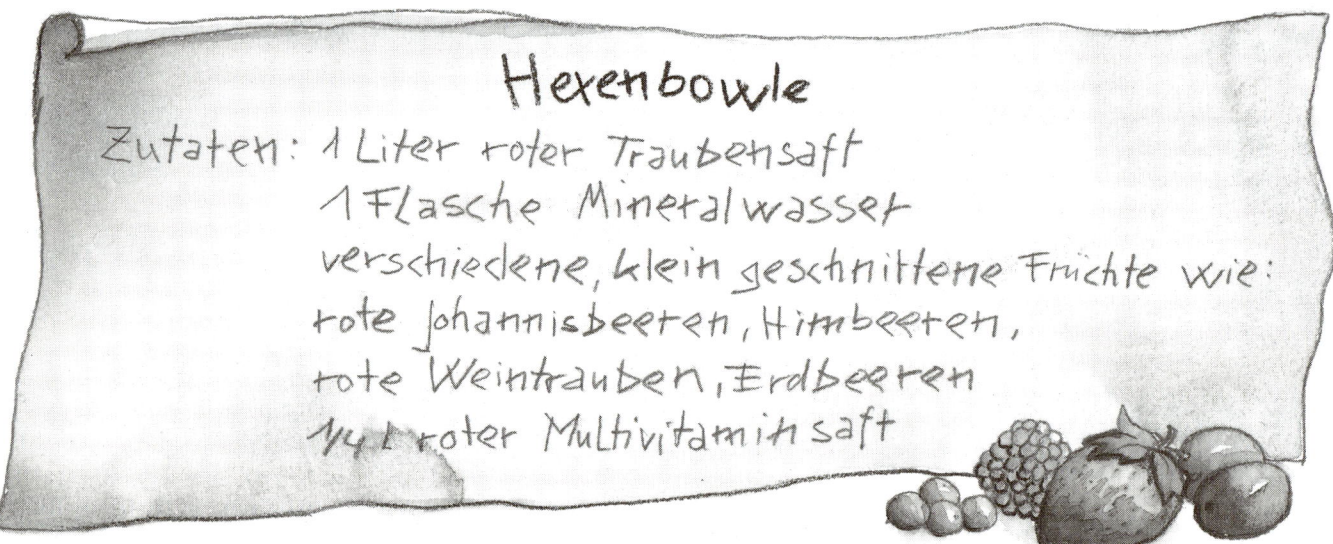

Hexenbowle

Zutaten: 1 Liter roter Traubensaft
1 Flasche Mineralwasser
verschiedene, klein geschnittene Früchte wie:
rote Johannisbeeren, Himbeeren,
rote Weintrauben, Erdbeeren
1/4 L roter Multivitaminsaft

Zubereitung: Saft, Mineralwasser und Vitaminsaft auf die geschnittenen Früchte gießen. Am besten verwendet man einen Glaskrug, damit die Kinder den schönen, roten Hexentrunk sehen können. Auch einige, im Eisfach gefrorene Früchte können vor dem Servieren hineingegeben werden.

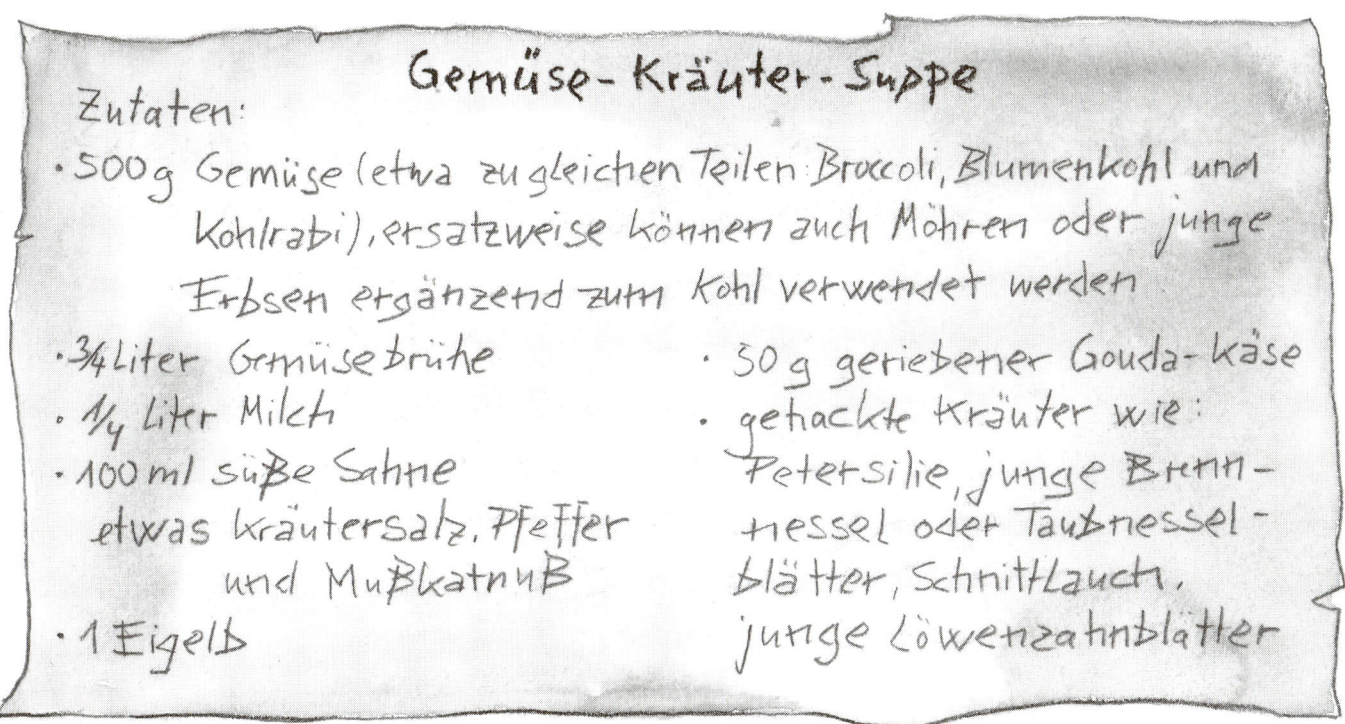

Grüne Knödel

Zutaten
- 300g frischen Spinat
- 3 EßL. gehackte Petersilie
- 100g geriebenen Käse (Gouda oder Emmentaler)
- 200 g Magerquark
- etwas Pfeffer und Muskatnuß
- 1 Knoblauchzehe
- 150g fein gemahlener Weizen
- eine Prise Salz

Zubereitung: Den Spinat waschen, verlesen und in Wasser so lange kochen, bis er zusammengefallen ist. Danach kräftig ausdrücken und klein hacken. Mit der Petersilie, dem Käse und dem Quark verrühren. Alles kräftig mit Gewürzen und der zerdrückten Knoblauchzehe abschmecken. Nun den Weizen untermischen und den Teig ca. 15 Minuten ruhen lassen. Mit bemehlten Händen werden anschließend kleine Klöße geformt, die wir in siedendes Salzwasser legen. Die Klöße 10 Minuten ziehen lassen. Das Wasser darf nicht kochen!

Gemüse-Kräuter-Suppe

Zutaten:
- 500g Gemüse (etwa zu gleichen Teilen Broccoli, Blumenkohl und Kohlrabi), ersatzweise können auch Möhren oder junge Erbsen ergänzend zum Kohl verwendet werden
- ¾ Liter Gemüsebrühe
- ¼ Liter Milch
- 100 ml süße Sahne etwas Kräutersalz, Pfeffer und Muskatnuß
- 1 Eigelb
- 50 g geriebener Gouda-Käse
- gehackte Kräuter wie: Petersilie, junge Brennnessel oder Taubnesselblätter, Schnittlauch, junge Löwenzahnblätter

Zubereitung: Das Gemüse waschen, putzen und grob zerkleinern. Anschließend alles zusammen in der Gemüsebrühe ca. 15 Minuten weichkochen. Das Gemüse mit dem Schaumlöffel herausnehmen. Die Brühe aufbewahren. Das Gemüse mit einem Pürrierstab oder im Mixer feinmischen. Die Milch und Sahne dazugeben. Die Gemüsebrühe im Topf nochmals zum Kochen bringen und die pürrierte Gemüsemasse einrühren. Die Suppe ca. 3 Minuten kochen lassen. Mit den Gewürzen abschmecken. Das Eigelb in einer Tasse mit etwas abgeschöpfter Suppe verquirlen und unter die Suppe rühren. Zuletzt den Käse und die klein gehackten Kräuter unterheben.

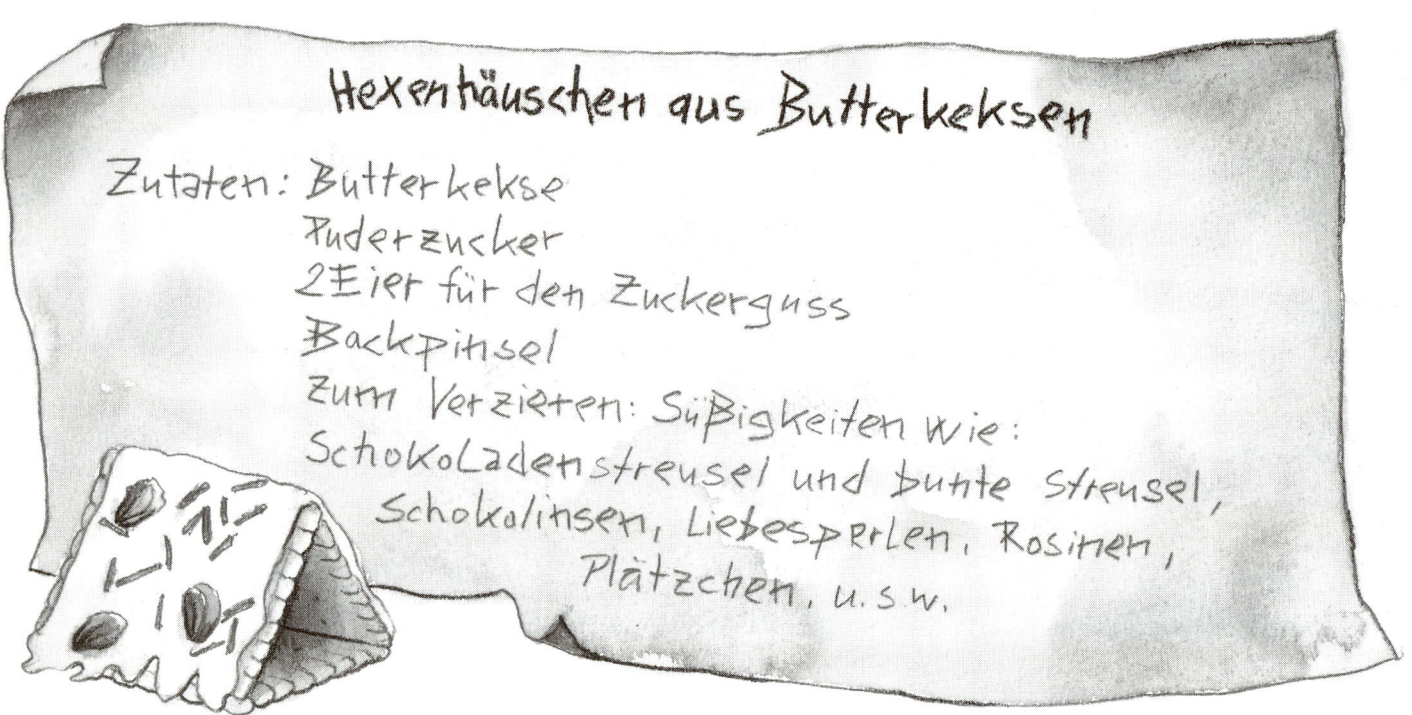

Hexenhäuschen aus Butterkeksen

Zutaten: Butterkekse
Puderzucker
2 Eier für den Zuckerguss
Backpinsel
zum Verzieren: Süßigkeiten wie:
Schokoladenstreusel und bunte Streusel,
Schokolinsen, Liebesperlen, Rosinen,
Plätzchen, u.s.w.

Zubereitung: Ein Butterkeks wird auf einen Pappteller gelegt. Mit dem angerührten Zuckerguss werden zwei Butterkekse an diesem festgeklebt, so dass aus den drei Keksen ein Dreieck entsteht. Ist der Zuckerguss fest, kann das Hexenhäuschen verziert werden. Die beiden Spitzdachseiten werden zunächst mit Zuckerguss überzogen und dann mit braunen oder bunten Zuckerstreuseln verziert.

Hexenhäuschen aus Rührteig

Zutaten: 200 g Butter
200 g Zucker
3 Eier
etwas abgeriebene
Schale einer Zitrone
1 Päckchen Vanillezucker
375 g Mehl
4 TL Backpulver
3 gehäufte TL Kakao

Verzierung: Puderzucker
2 Eier
Schokoladen- und
bunte Zuckerstreusel
Schokolinsen,
Zuckerschrift,
Liebesperlen und
ähnliches

Zubereitung: Die weiche Butter mit dem Mixer schaumig rühren. Dann die Eier hinzufügen. Anschließend die übrigen Zutaten in der oben angegebenen Reihenfolge hinzufügen und unterrühren. Ein Blech mit Backpapier auslegen und den Teig daraufgießen. Mit dem Messer wird der Teig glatt gestrichen. Bei 220 Grad müsst ihr den Teig ca. 30 Minuten backen. (Umluftherd: 180 Grad). Nachdem der Teig abgekühlt ist, werden daraus kleine Hexenhäuser geschnitten. Dazu könnt ihr euch auch aus einem Stück Pappe einen Hausgrundriss als Schablone vorab anfertigen. Diese legt ihr dann auf den Teig und schneidet die Häuser rundherum mit dem Messer aus. Die einzelnen Hexenhäuser werden auf Pappteller gelegt und können zuletzt verziert werden. Dazu wird der Zuckerguss angerührt mit den Eiern und dem Puderzucker.

Das Haus könnte z.B. ein weißes Zuckergussdach erhalten, das anschließend mit braunen Schokolinsen als Dachziegeln verziert wird. Die Kinder helfen bestimmt gerne beim Verzieren und haben sicher eigene Vorstellungen und Ideen, wie ihr Hexenhäuschen aussehen soll.

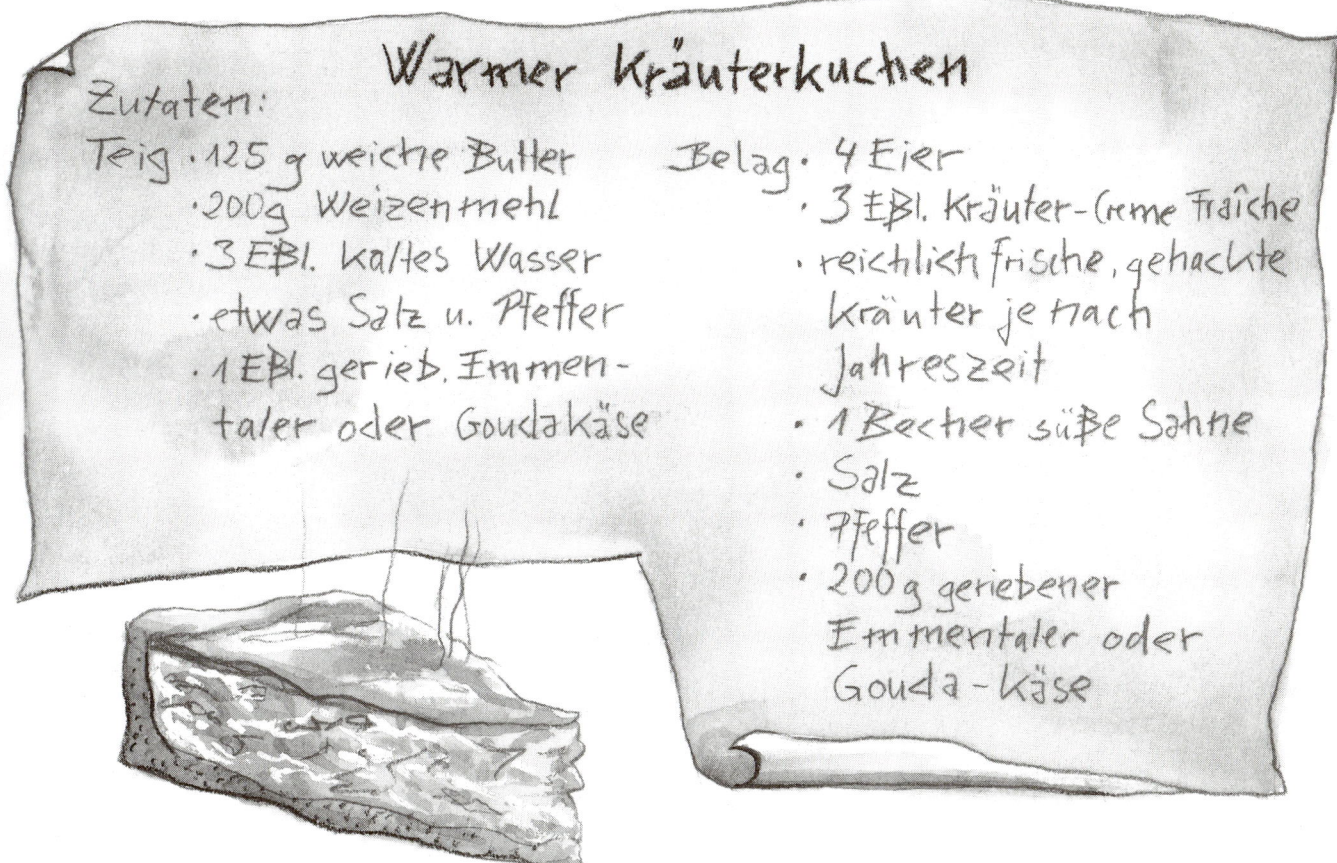

Warmer Kräuterkuchen

Zutaten:

Teig
- 125 g weiche Butter
- 200g Weizenmehl
- 3 EBl. kaltes Wasser
- etwas Salz u. Pfeffer
- 1 EBl. gerieb. Emmentaler oder Goudakäse

Belag
- 4 Eier
- 3 EBl. Kräuter-Creme Fraîche
- reichlich frische, gehackte Kräuter je nach Jahreszeit
- 1 Becher süße Sahne
- Salz
- Pfeffer
- 200g geriebener Emmentaler oder Gouda-Käse

Zubereitung: Die weiche Butter zusammen mit dem Mehl in einer Teigschüssel verkneten. Anschließend Wasser, Salz und Pfeffer hinzufügen und den Käse untermischen. Alles gut verkneten und den Teig eine Stunde an einem kühlen Ort ruhen lassen. Für den Belag die Eier in einer Schüssel verquirlen, Crème Fraîche und Sahne hinzufügen, salzen und pfeffern. Zuletzt den Käse und die Kräuter unterheben. Den Teig nach der Ruhezeit mit den Fingern flach drücken und in eine Springform (Durchmesser: 28 cm) legen. Den Rand etwas hochziehen. Die Form in den Backofen geben und auf der mittleren Schiene bei 200 Grad 10 Minuten vorbacken. Anschließend die Kräutermischung darübergießen und den Kräuterkuchen weitere 30 Minuten bei 250 Grad backen. Für 6-8 Personen.

Entspannungsgeschichten aus dem Hexenwald

Auch Phantasiereisen dürfen in einem Buch zum Thema „Hexen" nicht fehlen. In der Phantasie und den Träumen der Kinder sind Hexen lebendig. In Entspannungsgeschichten können diese Vorstellungen besonders schön aufgegriffen werden und in Bildern erlebbar und spürbar gemacht werden.

Kinder reagieren sehr stark auf solche Phantasiereisen. Hier können sie Ruhe finden, in schillernde Träume versinken und mit ihrer Phantasie Grenzen überschreiten. Da diese Phantasiereisen nur einen Teil des Buches ausmachen, kann auf die Bedeutung solcher entspannenden Geschichten leider nicht näher eingegangen werden. Wer sich mit diesem Thema jedoch näher beschäftigen möchte, dem seien hier die Bücher von Else Müller (siehe Literaturhinweise) empfohlen.

Die Entspannungsgeschichten sollten in ruhiger, langsamer Form vorgelesen werden. Lassen Sie sich und den Kindern viel Zeit, Raum und Muße zum Entspannen und Erleben. Die Kinder können die Geschichten im Sitzen oder Liegen erleben. Als besonders schön habe ich immer das Liegen auf einer weichen Wolldecke empfunden.

Eine angenehme Atmosphäre (Kerzenschein / abgedunkelter Raum / auf Wunsch auch ruhige Entspannungsmusik im Hintergrund) lässt die Kinder leichter in die Welt der Phantasie eintauchen. In den Entspannungsgeschichten versinken Kinder in eine tiefe Ruhe. Geben Sie ihnen Zeit, diese Ruhe zu spüren und zu genießen.

Wenn kleine Hexen träumen

Eine Entspannungsgeschichte zum gemeinsamen Erleben zu zweit

Auch Hexen müssen sich einmal ausruhen und schlafen. Wenn sie das tun, so haben sie manchmal wunderschöne Träume. Denn schließlich erleben Hexen am Tage oft viele aufregende Dinge und manches davon taucht dann in ihren Träumen wieder auf.

Die Kinder spielen zu zweit zusammen. Ein Kind macht es sich auf einer Matratze oder Wolldecke bequem. Es hat die Schuhe und Strümpfe ausgezogen. Das zweite Kind kniet sich daneben. Das liegende Kind sollte die Augen schließen.

Nun erzählt die Spielleitung eine Geschichte, wobei das kniende Kind die liegende, kleine Hexe entsprechend dem Text dabei verwöhnen soll.

Die Geschichte
(von der Spielleitung gesprochen)

Schließe deine Augen und atme tief ein und aus.
Du bist ganz ruhig und entspannt.
Nun stelle dir einmal vor,
du bist eine kleine Hexe und wohnst tief in einem großen Wald.
Du kennst den Wald sehr gut.
Alle Bäume und Pflanzen sind dir vertraut. Denn es ist dein Hexenwald.
Die Tiere im Wald sind deine Freunde.
Du lebst gerne dort und liebst es, an schönen
Sommertagen auf einer Lichtung mitten im Wald zu liegen.
Jetzt stelle dir weiter vor, du liegst dort auf der Lichtung
in deinem Wald.
Die Sonne scheint und wärmt dir dein Gesicht.

Dein ganzer Körper wird warm. Deine Arme werden ganz warm.
Ein leichter Wind streicht über dein Gesicht.
Dann spürst du ihn an Armen, Beinen und Füßen.
Du liegst dort auf der Wiese und fühlst dich ganz ruhig und geborgen.
Während du dort liegst und die Stille genießt, schläfst du langsam ein und in deinem
Traum erhebst du dich langsam auf deinem Besen in die Lüfte. Dein Besen trägt dich ganz sicher.
Du spürst keine Angst.
Dein Besen steigt immer höher und höher und bald fliegst du über die Bäume des Waldes hinweg.

Das zweite Kind streicht der Hexe sanft mit den Händen über die Arme und am Körper entlang. Mit einem weichen Tuch sanft über das Gesicht, Arme, Beine und Füße streichen.

Hier oben weht ein kräftiger Wind.
Er bläst dir ins Gesicht.
Dein Besen schaukelt sanft hin und her.

Plötzlich taucht unter dir dein kleines,
schiefes Hexenhaus auf.
Du kannst schon deinen Raben krächzen
hören.
Sanft senkt sich dein Besen und du landest
ganz sicher auf der Wiese hinter deinem
Haus.
Du steigst vom Besen herab und spürst
unter deinen Füßen das weiche Gras.
Vor dir liegt der Eingang zu deinem
Kräutergarten.
Hier hast du viele duftende Kräuter
gepflanzt. Damit kannst du wohltuenden
Tee und heilende Salben mischen.
Du betrittst deinen Garten und der Duft
der Kräuter steigt dir in die Nase.
Auf einer Bank in deinem Garten nimmst
du Platz und nun kannst du die Kräuter
unterscheiden.

Nach einer Weile verlässt du wieder
deinen Kräutergarten und besteigst
wieder den Besen.
Sanft erhebt er sich in die Lüfte und wieder
spürst du den Wind in deinem Gesicht.
Ganz leicht streicht er um deine
Stirn und kühlt dein Gesicht.

Du kehrst zurück zu der Wiese und
landest wieder im Gras.
Dies war ein schöner Traum.
Bleibe noch ein wenig dort liegen
und spüre dem Traum noch etwas nach.
Atme tief ein und aus.
Kehre dann langsam wieder zurück in
diesen Raum. Vielleicht möchtest du einmal
herzhaft gähnen, dich recken und strecken.
Öffne dann langsam wieder die Augen.

mit einem Zeitungsfächer oder Strohhalm Wind zupusten.

Das kniende Kind schaukelt den Körper der kleinen Hexe leicht hin und her.

Das Krächzen des Raben wird nachgeahmt.

Mit einem Grasbüschel ganz sanft die Füße und Beine der Hexe streicheln.

Allerlei Kräuter (Salbei, Kümmel, Pfefferminze, Basilikum, Kresse, Knoblauch, Thymian u. a.) werden der kleinen Hexe unter die Nase gehalten. Sie darf einmal daran riechen.

dem Kind wird wieder Luft zugefächelt

Ein Ausflug im Frühling

Am Rande eines dunklen Waldes steht ein Haus. Vor dem Haus stehen drei große, alte Eichen. In dem Garten hinter dem Haus blühen viele, bunte Blumen. Gleich neben der Haustür ist eine alte Bank. Dort sitzt die kleine Hexe. Die erste Frühlingssonne scheint ihr warm ins Gesicht. Auch die Arme und Hände werden von den Sonnenstrahlen gewärmt.

Fühle einmal, wie warm die Sonne scheint.
Der ganze Körper wird gewärmt von den ersten Sonnenstrahlen.
Fühle einmal, wie warm alles ist.

Die kleine Hexe liebt den Frühling. Dann erwacht draußen alles zu neuem Leben.
Heute will sie auf ihrem Besen einen Ausflug machen.
Freudig greift die kleine Hexe nach ihrem Besen. Sie schwingt sich hinauf und wie von Zauberhand erhebt sich der Besen sogleich in die Lüfte.
Ganz leicht schwebt er hinauf. Immer höher und höher trägt sie der Besen. Bis hinauf zu den Wolken.
Der Wind bläst ihr durch das Gesicht und streichelt sanft die Haut.
Sicher und leicht schwebt die Hexe nun auf ihrem Besen.

Ihre Arme und Beine sind ganz leicht.
Fühle einmal, wie leicht sie sind.
Ihr ganzer Körper wird ganz leicht.
Fühle einmal, wie leicht er ist.

Die kleine Hexe schwebt mit ihrem Besen auf den Wald zu. In weiten, großen Schleifen fliegt sie durch die Lüfte. Der Wind schaukelt den Besen kräftig hin und her. Er zerrt an ihren Kleidern. Doch die Hexe fühlt sich sehr sicher auf ihrem Besen. Sie genießt den Flug ohne jede Angst.
Der Wind trägt sie weiter über den großen Wald. Die Bäume sehen von dort oben ganz klein aus.
Die kleine Hexe drückt den Stiel ihres Besens etwas nach unten und der Besen fliegt nun dicht über den Wipfeln der Bäume. Ein dichter Tannenwald taucht unter ihr auf. Die Tannen stehen hier so dicht, dass nur die schmalen Lichtstrahlen der Sonne dort hineindringen können. Von Ferne kann sie den Ruf des Kuckucks hören. Er will die Tiere des Waldes warnen.
Mit einer Hand streichelt die Hexe sanft den Stiel des Besens. Sogleich verlangsamt er seinen Flug und die Hexe hat Zeit, in Ruhe den Wald zu betrachten. Sie entdeckt einen kleinen Fuchs, der ängstlich aus seinem Bau herausschaut.
Irgendwo im Wald hämmert ein Specht mit seinem spitzen Schnabel in die Rinde eines Baumes.
An den Bäumen und auf dem Waldboden kann sie das dunkelgrüne Moos erkennen.
Leicht zieht die kleine Hexe den Besen wieder etwas hoch und gleitet wieder etwas schneller.
Bald taucht unter ihr der Waldsee auf. Sein Wasser leuchtet in einem tiefen Blau und schimmert in der Sonne.
Langsam gleitet der Besen hinab und steuert auf den See zu. Sicher und ruhig landet er nahe beim Ufer.
Die Hexe steigt von ihrem Besen und legt sich in das Gras. Es ist noch ein wenig feucht vom Morgentau. Sanft streichen ihre Finger über das kühle, nasse Gras.

Fühle einmal, das feuchte, kühle Gras unter den Fingern.
Es kühlt ihre Hände und Finger.
Ganz weich und zart kannst du es spüren.

Die Sonne scheint jetzt schon sehr warm. Die kleine Hexe zieht ihre Schuhe und Strümpfe aus und taucht die Füße in das kühle Wasser des Sees.
Nach dem langen, kalten Winter ist das Wasser noch sehr kalt.
Die Kälte wandert von ihren Füßen hinauf in den ganzen Körper.

Fühle einmal das kalte Wasser des Sees an deinen Füßen.
Die Zehen bewegen sich leicht. Die Kälte steigt herauf.
Fühle einmal, wie kalt alles wird.

Nun zieht die kleine Hexe ihre Füße wieder aus dem Wasser. Noch einmal legt sie sich zurück in das Gras und lässt ihre Füße in der Sonne trocknen.
Hier will sie sich ein wenig ausruhen und den Frühling spüren.
Sie schaut hinauf zum Himmel, während sie dort im Gras auf dem Rücken liegt. Am Himmel ziehen große, weiße Wolken vorüber. Es sieht so aus, als würden sie im Blau des Himmels schwimmen. Schnell werden sie vom Wind weggeblasen und neue Wolken tauchen auf.
Die kleine Hexe schließt die Augen. Jetzt kann sie das Zwitschern der Vögel deutlich hören. Auch sie freuen sich über den Frühling und singen ihm ihr erstes Lied.
Die kleine Hexe spürt die Ruhe und Stille des Waldes.
Sie liegt ruhig und entspannt auf der Wiese.
Hier fühlt sie sich entspannt und ist ganz gelöst.
Sie atmet den Frühling in sich hinein.
Hier, in ihrem Wald, fühlt sie sich wohl und geborgen.
Ihr Atem geht ruhig.

Eine große Ruhe durchströmt sie.
Fühle einmal, wie ruhig sie ist.
Sie fühlt sich ganz entspannt und ihr Atmen geschieht wie von selbst.
Sie genießt den Frühling.

Langsam erhebt sich die kleine Hexe nun wieder. Sie will ihre Reise fortsetzen und schwingt sich wieder auf ihren Besen.
Ruhig und sicher hebt der Besen sich in die Lüfte. Er trägt die Hexe weiter über den Wald hinweg dem Dorf entgegen.
Bald tauchen unter ihr die ersten Häuser auf. Ganz klein wie Spielzeug sieht alles von hier oben aus.
Unten auf dem großen Platz ist Markt. Viele Menschen drängen sich zwischen den Ständen hindurch. Leise dringen ihre Stimmen zu ihr hinauf. Doch die Unruhe und Hektik kann sie hier oben nicht erreichen.
Sanft dreht sie den Besen und fliegt zurück zu ihrem Haus. Niemand kann ihre Stille hier oben stören. Der Wind trägt sie weiter über Wiesen und Felder. Sie lässt ihren Besen etwas tiefer gleiten.
Nun kann sie die ersten, vereinzelten Frühlingsblumen unter sich entdecken. In zartem Gelb leuchten sie auf der Wiese.
Die kleine Hexe ist müde von ihrem Ausflug. Sanft landet der Besen wieder vor ihrem Haus.
Müde sinkt sie auf die alte Bank und streckt ihre Füße von sich.

Ihre Glieder sind schwer.
Ein Flug auf dem Hexenbesen ist anstrengend.
Das spürt die kleine Hexe nun.
Der Körper ist schwer, ganz schwer und müde.
Die Beine sind ganz schwer.

Fühle einmal, wie schwer die Beine sind.
Locker hängen die Arme herab.
Ganz schwer sind die Arme.
Du kannst fühlen, wie schwer sie sind.

Die kleine Hexe schließt die Augen.
Ruhig und entspannt sitzt sie dort. Die Sonne scheint ihr ins Gesicht.
Noch einmal wandert ihr innerer Blick zurück zu ihrem Flug durch den Frühling.
Sie spürt den Frühling in ihrem Körper.
Ruhig und entspannt sitzt sie dort und träumt noch ein bisschen weiter von ihrem schönen Aus-
flug in den Frühling.

Der Zauberstein

Lege dich auf deine Decke in eine Lage, die dir angenehm ist. Wenn du möchtest, schließe deine Augen.

Am Waldrand steht ein kleines schiefes Haus. Darin wohnt eine kleine Hexe. Seit vielen, vielen Jahren lebt sie dort zusammen mit ihrem alten Raben. Heute wollen wir die kleine Hexe einmal besuchen.

Es ist ein sonniger Tag im Winter. In der vergangenen Nacht hat es zum ersten Mal geschneit. Eine dicke Schneedecke liegt auf dem Dach des Hexenhauses. Am Morgen, als die kleine Hexe erwacht, strahlt die Sonne zum Fenster herein. Als sie an das Fenster tritt, sieht sie draußen die schneebedeckte Landschaft.

Die Äste der Bäume sind mit Schnee bedeckt und hängen tief herab unter dem Gewicht des Schnees. Kleine Eiszapfen wachsen am Dach herunter und glänzen im Licht der Sonne.

Am Himmel ist keine Wolke zu sehen und die warmen Sonnenstrahlen verzaubern die Landschaft in ein weißes Märchenland.

Glücklich über den ersten Schnee tritt die kleine Hexe hinaus aus ihrem Haus. Der kühle Wind bläst ihr entgegen.

Sanft streicht er durch das Gesicht und kühlt ihre Haut.

Fühle einmal, den kühlen kalten Wind.
Sanft streichelt er dein Gesicht.
Fühle einmal, wie erfrischend er ist.

Die Hexe stapft hinaus in den tiefen Schnee. Große, schwere Stiefel trägt sie an ihren Füßen. Ihre Füße versinken in dem weichen, frischen Schnee. Mühsam geht sie weiter. Das Laufen fällt ihr schwer. All ihre Kraft benötigt sie, um die Füße aus dem tiefen Schnee zu ziehen.

Fühle einmal, wie schwer die Füße sind.
Du spürst die schweren Stiefel an deinen Füßen.
Deine Beine und Füße sind ganz schwer.

Die kleine Hexe bahnt sich einen Weg durch den tiefen Schnee und geht langsam in den Wald hinein. Vor ihr liegt der dichte Tannenwald. Schneeflocken rieseln leise von den Tannenwipfeln hinab und landen auf ihrem Gesicht.

Wie weich und sanft die Schneeflocken darauf liegen bleiben.
Fühle einmal, wie sanft und weich sie sind.
Das Wasser kühlt deine Haut und rinnt langsam von deiner Stirn hinab.
Das fühlt sich gut an.

Hier im dichten Tannenwald findet die Sonne kaum ein Hindurchkommen.

Es ist ganz finster dort. Die kleine Hexe weiß, dass hier unter einer hohen Tanne ein Stein verborgen liegt.

Es ist ein ganz besonderer Stein.

Vor langer Zeit hatte die kleine Hexe den Stein einmal im Wald gefunden. Mit ihrer Zauberkraft hatte sie den Stein verwandelt. Nun ist es ihr Zauberstein. Später hatte sie den Stein hier unter einer Tanne versteckt. Die kleine Hexe muss ein wenig suchen, um ihn wieder zu finden, denn der Schnee hält ihn unter sich verborgen.

Ihre Hände graben sich weit hinein in den tiefen, kalten Schnee.

Fühle einmal, wie kalt der Schnee ist.
Deine Hände und Finger sind schon ganz gefroren.
Immer weiter musst du hinein graben in den Schnee.
Dort unten ist der Schnee schon sehr fest.
Das Graben fällt dir sehr schwer.
Und du spürst den kalten, harten Schnee auf deiner Haut.

Unermüdlich sucht die Hexe weiter.
Plötzlich entdecken die tastenden Hände den Stein.
Vorsichtig hebt sie den Stein auf und umschließt ihn mit beiden Händen.
Ganz nass und kalt fühlt er sich an.
Es ist ein runder, glatter Stein. In seiner Mitte entdecken ihre Finger eine kleine Vertiefung.
Zärtlich betastet sie den Stein. Und während ihre Hände den Stein umschließen, spürt die kleine
Hexe die Wärme, die plötzlich von ihm ausgeht.
Es ist ein besonderer Stein. Ein Zauberstein.
Unermessliche Wärme und Kraft strahlt von ihm aus.

Auch du kannst seine Kraft und Wärme nun spüren.
Du musst ihn nur sanft mit deinen Händen umschließen.
Die Wärme und Kraft fließt in deinen Körper.
Wohlig warm wird dir.
Dein ganzer Körper wird gewärmt und gestärkt durch diesen Stein.
Es ist auch dein Zauberstein. Du musst ihn nur ganz fest umschließen.

Deine Beine und Füße sind nun ganz warm.
Auch deine Arme und Schultern sind warm.
Fühle einmal, wie warm und entspannt dein Körper jetzt ist.
Die Wärme des Zaubersteins fließt durch deinen ganzen Körper.

Nach einer Weile muss die kleine Hexe den Stein wieder zurücklegen an seinen Platz unter der
Tanne.
Sie weiß, dass er dort hingehört.
Hier, neben all den anderen Steinen ist sein Platz. Dort sieht er aus wie ein ganz gewöhnlicher Stein.
Irgendwann wird sie ihn wieder dort suchen und finden. Vielleicht wirst du die kleine Hexe noch
einmal dorthin begleiten. Denn es ist nun auch dein Zauberstein!
Dann wird er auch dir wieder etwas von seiner Wärme und Kraft schenken.
Du spürst sie jetzt noch in dir. Sie wird dich begleiten und stärken. Sie ist nun in dir.
Atme noch einmal tief durch und erinnere dich an den Stein.
Du wirst ihn nicht vergessen, denn ein Stück von ihm ist in dir.
Nimm seine Wärme und Kraft mit und spüre sie noch ein bisschen weiter.

Wir laden ein zum Hexenfest

Im Folgenden sind einige Ideen vorgestellt, wie zu einem Hexenfest oder Hexengeburtstag eingeladen werden könnte.

Hexenhaus aus Streichholzschachteln

Material: je Einladung eine Streichholzschachtel, weißes Papier, Malstifte, Schere, Kleber, ein kleines Stück schwarzes Tonpapier

Für jedes Kind, das eingeladen werden soll, wird ein kleines Hexenhaus gebastelt. Dazu wird die Streichholzschachtel mit weißem Papier umwickelt. Das überlappende Papier schneiden wir ab und kleben das Papier anschließend an der Schachtel fest. Aus schwarzem Tonpapier schneidet man ein kleines Dreieck für das Spitzdach aus. (siehe: Illustration)
Das Dach kleben wir an den oberen Rand der Streichholzschachtel. Nun malen das Haus bunt an und zeichnen Tür und Fenster auf. Über die Tür könnte auch noch „Einladung ins Hexenhaus" geschrieben werden. Auf einen kleinen Zettel schreibt ihr nun den Einladungstext, der zuletzt, klein gefaltet, in das Häuschen gesteckt wird.

Ein Besen kommt geflogen

Material: je Einladung ein Schaschlikspieß, brauner Bast, Bindfaden, weißes Papier, Kleber, Schere

Aus den angegebenen Materialien wollen wir einen Hexenbesen basteln. Dazu wird der Bast in Streifen zu ca. 8 cm Länge geschnitten.
Die Streifen werden gebündelt und um das Ende des Schaschlikspießes gelegt und mit dem Faden festgebunden. Eventuell könnt ihr auf den Spieß zuvor noch etwas Kleber geben.
Fertig ist der Hexenbesen! Nun schreibt ihr den Einladungstext auf ein Blatt Papier, rollt das Blatt ein und bindet es an den Stiel des Besens.
Jetzt kann der Hexenbesen zu einem Kind geflogen kommen, das eingeladen werden soll.

Der Rabe als Postbote

Material: Vorlage „Rabe" (siehe: Vorlagenbogen im Anhang), Schere, Kleber, schwarzes, gelbes und rotes Tonpapier, Papier für den Einladungsbrief, Klebeband

Wenn eine Hexe zum Hexenfest einlädt, schickt sie gerne ihren Raben als Postboten los.
Die Vorlage für den Raben wird auf schwarzes Tonpapier übertragen und ausgeschnitten. Anschließend wird aus gelbem Tonpapier der Schnabel des Raben ausgeschnitten, in der Mitte einmal geknickt und dann auf den schwarzen Rabenkörper geklebt. Zuletzt schneidet ihr aus weißem Tonpapier die Augen aus und klebt sie auf.
Jetzt schreiben wir auf ein Blatt Papier den Einladungstext, rollen das Blatt zusammen und kleben es mit Klebeband zu.

Zum Schluss wird dem Raben die Einladungsrolle in den Schnabel gelegt und mit etwas Klebeband festgeklebt.

Wenn ihr euch zu Hause schon eine Hexenküche gebaut habt und der Geburtstag in dieser Küche gefeiert werden soll, wo alle eingeladenen Hexen kochen und Zaubertränke mixen dürfen, so kann eure Einladung natürlich auch wie bei nachstehendem Vorschlag aussehen.

Wir kochen uns ein Hexensüppchen

Material: Schere, Kleber, farbiges Tonpapier in zwei Farben

Die Vorlage des Kochtopfes wird vom Vorlagebogen zweimal auf farbiges Tonpapier übertragen und ausgeschnitten. Anschließend klebt ihr die beiden Kochköpfe übereinander fest, lasst dabei jedoch die Öffnung des Topfes frei. Aus dem anders farbigen Tonpapier werden nun kleine Längsstreifen geschnitten. Darauf schreibt ihr den Einladungstext, verteilt auf mehrere Streifen, und steckt diese in den Suppentopf, so das sie ein Stück herausschauen. Zuletzt schreibt man noch auf den Kochtopf:

„Einladung in die Hexenküche" oder *„Wir kochen uns ein Hexensüppchen"*.

Der Zaubertrank

Material: je Einladung eine kleine Flasche, Lebensmittelfarbe, Papier, Geschenkband, Klebeetiketten

Für jedes Kind wird bei dieser Einladungsidee ein Zaubertrank angefertigt. Dazu füllt man in kleine Fläschchen etwas Mineralwasser und fügt ein wenig Lebensmittelfarbe hinzu. Die Flaschen werden mit einer bunt gestalteten Etikette versehen. Darauf schreibt ihr „Zaubertrank".
Nun schreibt ihr auf ein Stück Papier euren Einladungstext, rollt ihn zusammen und bindet ihn mit etwas Geschenkband an die Fläschchen. Der Einladungstext könnte folgendermaßen lauten:

„Mit diesem Zaubertrank kannst du dich in eine kleine Hexe verwandeln. Wenn du Lust hast, komm` doch als kleine Hexe am .... zu meinem Hexengeburtstag."

Auf dem Blocksberg tanzt die Hex'

Rixus Pixus, Eins, Zwei, Drei,
Jetzt beginnt die Hexerei!
Setze auf den Hexenhut
Ja, der steht dir wirklich gut.
Komm nur, Besen aus der Ecke.
Flieg mit mir gleich bis zur Decke.
In der Hand das Hexenbuch.
Schlag ich nach den ersten Spruch.
Hexenkinder, aufgepasst.
Zaubern, das macht sehr viel Spaß.
Krötenauge, Schlangenschleim.
Fliegt nun los, ihr Hexen, klein.
Durch die Lüfte ganz geschwind.
Saust jetzt jedes Hexenkind.
Los, ihr Hexen aufgewacht!
Heute ist Walpurgisnacht!
Auf, zum Blocksberg geht die Reise.
Denn dort wird nach alter Weise.
Viel gehext, getanzt, gelacht.
In der ersten Maienacht.

Ideen und Anregungen zur Gestaltung
eines Hexenfestes

Wenn alle Kinder eingetroffen sind, kann euer Hexenfest beginnen.

Vielleicht habt ihr den Raum schon vorher in ein kleines Hexenhaus verwandelt, einige Leckereien für den Hexenschmaus vorbereitet und euch verkleidet.

Natürlich kann dies auch gemeinsam mit den geladenen Gästen zu Beginn des Festes gemacht werden. Auf einem richtigen Hexenfest wollen kleine Hexen sich selbstverständlich nicht nur verkleiden. Es muss auch gespielt, getanzt und gelacht werden.

Die zwei folgenden Spielaktionen sollen euch Anregungen zu Spiel und Aktion geben. Sie eignen sich sowohl für einen Kindergeburtstag zu Hause, als auch für Feste und Feiern in Kindergärten und Grundschulen. Die Spiele können auch einzeln jederzeit durchgeführt werden. Es muss ja nicht immer ein riesiges Hexenfest veranstaltet werden.

Für die meisten Ideen ist wenig oder kein Material erforderlich. Die beiden Spielaktionen können auf Wunsch beliebig gekürzt oder durch andere Spiele ergänzt werden. Besonders schön ist es, wenn die Spielleitung sich selbst als Oberhexe verkleidet und versucht, sich in diese Spielrolle hineinzuversetzen.

Beide Spielaktionen sind bewusst so angelegt, dass sie von einer Spielleitung allein durchgeführt werden können. Aber nicht jedes Hexenfest verläuft gleich, denn Kinder haben ihre eigenen Vorstellungen, was auf einem Hexenfest geschehen soll und was Hexen so alles bei einer Walpurgisnacht tun. Greifen Sie die Ideen und Vorschläge der Kinder auf und versuchen Sie, diese in das Spielgeschehen mit einzubauen. Die Phantasie der Kinder belebt und bereichert jede Spielaktion.

Das große Hexentreffen auf dem Blocksberg

Eine Spielaktion für kleine und große Hexen

Material: Bierdeckel, Klebstoff, farbiges Tonpapier, Schere, Kordel, Stifte, Kassettenrecorder und schnelle, stark rhythmische Musik, pro Kind ein kleiner Ball oder Luftballon, Krepppapierstreifen in vier Farben (oder entsprechende Stoffbänder oder Schminke), Hula – Hoop – Reifen in vier Farben, Kreide oder Klebeband

Spielraum: großer Raum oder Außengelände

Die Kinder ebenso wie die Spielleitung (im Folgenden: Oberhexe genannt) sollten als Hexen verkleidet sein und einen Besen besitzen.
Die nachstehend beschriebenen Hexenmedaillen sollten von der Oberhexe vor Beginn dieser Spielaktion vorbereitet werden.

Die Hexenmedaillen

Runde Bierdeckel werden mit Tonpapier in verschiedenen Farben beklebt. An den oberen Rand jedes Bierdeckels wird mit einem Locher ein Loch gestanzt. Dadurch fädeln wir eine Kordel. Auf die Bierdeckel schreibt die Oberhexe lustige Hexennamen. Fertig sind die Hexenmedaillen.

Viele kleine Hexen sind zum Fest erschienen. Gespannt warten sie darauf, was so alles passiert bei einer Walpurgisnacht. Die Oberhexe begrüßt die Hexen und lädt sie ein, mit ihr gemeinsam zum Blocksberg zu fliegen.

Der Flug zum Blocksberg

Die Kinder setzen sich auf ihre Besen und fliegen los. Sie sausen kreuz und quer durch den Raum oder draußen durch das Gelände und landen schließlich neben der Oberhexe.
Die Besen werden rund um einen Baum oder in der Raumecke an die Wand gelehnt und die kleinen Hexen setzen sich in einem Kreis auf den Boden. Auch um ein zuvor aufgeschichtetes Feuer (das zum Abschluss angezündet werden kann) können die Hexen sich versammeln.

Die Oberhexe tritt vor und empfängt die kleinen Hexen:
„Ich, die Oberhexe Pumpernella, begrüße alle Hexen zu unserem großen Hexentreffen auf dem Blocksberg."

Die Hexen stellen sich vor

Die Oberhexe hängt jeder Hexe eine Hexenmedaille um und stellt die Hexe den anderen vor, indem sie den Namen der Hexe vorliest. Für sich selbst hat die Oberhexe natürlich ebenfalls einen lustigen Namen ausgewählt.

"Jetzt muß jede Hexe zunächst einmal ihre Flugkünste vorführen", erzählt die Oberhexe weiter.

Die Kunst des Fliegens

Zu einer schnellen Musik tanzen die Kinder durch den Raum. Die Hexenbesen ruhen währenddessen in der Ecke. Stoppt die Musik, ruft die Oberhexe nacheinander folgende Impulse:

„Auf die Besen, ihr Hexen geschwind, geschwind!
Saust durch die Lüfte und fliegt mit dem Wind."

Schnell greifen die Hexen sich einen Besen und fliegen durchs Gelände.
Wenn die Musik zum zweiten Mal einsetzt, landen die Hexen wieder, stellen die Besen zurück und tanzen weiter. Beim nächsten Musikstopp folgt der nächste Spruch der Oberhexe:

„Nun, ihr Hexen reitet leis,
Eine hinter der andern im Kreis."

Die Hexen holen sich wieder einen Besen und fliegen leise hintereinander im Kreis.
Weiter Impulse könnten sein:

„Schnell, ihr Hexen den Besen vom Baum
fegt im Zickzack durch den Raum."
„Jetzt, ihr Hexen, das ist nicht leicht,
fliegt herum im Kreis zu zweit."
„Aufgepasst und fliegt im Nu,
kreischt und zetert laut dazu!
„Jede Hex', ob dünn, ob fett,
fliegt ganz schnell mal um die Wett!"
Alle Hexen, ja auch du,
Schneiden Fratzen jetzt dazu."

Beim folgenden, letzten Spruch setzen sich die Hexen zum Schluss wieder im Kreis zusammen:

„Schnell, ihr Hexen, eins, zwei, drei.
Kommt wieder zu mir herbei!"

"Nicht nur die Flugkunst ist für jede Hexe sehr wichtig. Ihr müßt auch geschickt und schnell mit euren Besen sein. Das wollen wir nun einmal ausprobieren", fordert die Oberhexe zum nächsten Spiel auf.

Das Besenrennen

Die Kinder stellen sich in einer Reihe nebeneinander auf. Vor sich halten sie, das Reisigende auf den Boden weisend, den Besenstiel in der Hand.
Jedes Kind legt vor sich auf den Boden einen Ball (kleiner Schaumstoffball oder Tennisball) oder Luftballon. Nun startet das Wettrennen. Eine Wegstrecke müssen die Hexen zurücklegen und dabei den Ball vor sich her treiben.

Varianten des Spiels:

1. Stöcke werden zu einem Slalomkurs im Zickzack in den Boden gesteckt. Der Ball muss zwischen den Stöcken her getrieben werden. Dazu sollte, am besten in kleinen Gruppen gespielt werden, wobei nur jeweils zwei oder vier Kinder gleichzeitig starten. (Staffel)

2. Die Kinder werden in Feuerhexen, Waldhexen, Wetterhexen und Erdhexen eingeteilt und erhalten als Markierung verschieden farbige Bänder. Die Hexengruppen spielen dann gegeneinander.

Die Oberhexe erzählt, dass ihr im Laufe des Jahres doch so einiges über die Hexen zu Ohren gekommen ist, das sie nicht besonders erfreut hat. Da haben sich doch tatsächlich einige Hexen ständig untereinander gestritten. Wenn zwei Hexen sich streiten, dann kann es manchmal sehr wild zugehen. „Wir wollen das einmal ausprobieren!" Mit diesen Worten lädt die Oberhexe ein zur ...

Hexenstreiterei

Je zwei Hexen spielen gegeneinander. Es werden zwei Tore aufgebaut. Der Abstand zwischen den Toren beträgt nicht mehr als maximal 10 Meter. Die Torpfosten können durch zwei Kissen markiert werden. Das Tor sollte nicht größer als 1 Meter von Pfosten zu Pfosten messen.
Jede der beiden Hexen hat ihren Besen in der Hand, auch dieses Mal sollte das Reisigende auf den Boden weisen.
Gespielt werden kann wieder mit einem kleinen Schaumstoffball. Lustiger wird es jedoch, wenn man als Spielmaterial ein Bodenwischtuch verwendet.
Die beiden Hexen versuchen, das Tuch mit ihrem Besen in das jeweils gegnerische Tor zu schieben. Hat eine Hexe drei Tore erzielt, so sind die nächsten zwei Hexen an der Reihe.

Die Hexen versammeln sich wieder um die Feuerstelle und die Oberhexe erzählt amüsiert: „Vor ein paar Monaten sind mir bei meinem Flug über den Hexenwald einige Hexen begegnet, die alle gemeinsam auf einem Riesenbesen geritten sind. Das sah sehr lustig aus. Wollt ihr es auch einmal ausprobieren?"

Der Riesenbesen

Jeweils drei Hexen binden für dieses Spiel ihre drei Besen mit einer Schnur fest aneinander. Die Spielleitung sollte den Kindern dabei behilflich sein. Nun setzen sich die Hexen auf ihren Riesenbesen.

Spielmöglichkeiten:

✳ auf dem Riesenbesen müssen die Hexen gemeinsam eine Wegstrecke zurücklegen. Unterwegs sind verschiedene Hindernisse aufgebaut, die es zu überqueren gilt. (über Holzbalken oder Baumstämme fliegen / unter einem Tisch durchsausen / über eine gespannte Schnur / Turnbank oder ähnliches fliegen...). Dabei darf der Riesenbesen natürlich nicht auseinander brechen. Ebenso sollte keine Hexe vom Besen steigen oder fallen.

✳ Viele Kinder auf ihren Riesenbesen fliegen durch den Raum. Die Besen dürfen sich nicht berühren.

✳ Die Riesenbesen sausen nach Anweisung der Oberhexe mal rückwärts, mal seitwärts, schnell oder langsam.

Haben die Hexen sich wieder nach dem Spiel an einem Ort versammelt, erzählt die Oberhexe weiter: „Für uns Hexen ist es besonders wichtig, das wir gut zusammenhalten und uns bei schwierigen Aufgaben gegenseitig helfen. Wir wollen das heute, auf dem Hexenfest etwas üben."

Tanz der Hexenbesen

Zunächst teilt die Oberhexe die Kinder in Hexengruppen ein.

Die Kinder jeder Gruppe erhalten eine gleich farbige Markierung (Kreppband). Rot für die Feuerhexen, grün für die Waldhexen, braun für die Erdhexen und blau für die Windhexen. Jedes Kind bindet sein Band an den Stiel seines Besens. Je drei bis vier kleine Hexen spielen zusammen.

Sie stellen sich in einem Kreis, mit dem Gesicht zueinander, auf. Alle tragen ihren Besen, mit dem Reisigende nach oben weisend, in den Händen. Auf die Besenenden jeder Kleingruppe legt die Oberhexe einen Schaumstoff- oder Wasserball.

Spielmöglichkeiten:

✱ Zu einer schnellen Musik müssen die Hexengruppen im Kreis tanzen und dabei versuchen, den Ball so lange wie möglich in der Luft zu halten.

✱ Die Hexengruppen sollen den Ball eine Wegstrecke transportieren, ohne das der Ball auf den Boden fällt. Am Ende kann ein Pappkarton stehen, in den der Ball befördert werden muss.

„So, nun soll aber endlich auch getanzt werden!" ruft die Oberhexe. „Denn das ist schließlich doch das Schönste und Wichtigste auf einem Hexenfest."

Der Tanz der Hexen

Zu einer schnellen Musik tanzen alle Hexen zu Beginn erst einmal wild durcheinander.

Die Kinder finden sich anschließend erneut in ihren Hexengruppen zusammen.

Die Oberhexe spielt eine schnelle Musik ein oder sie schlägt mit der Trommel oder dem Tambourin einen Takt. Die Hexen fliegen dazu wild durcheinander im Raum. Setzt die Musik aus, so müssen sich die Hexen schnell in ihren Farbgruppen zusammenfinden und ihre Besen zu einer langen Kette auf dem Boden auslegen. Wer als erstes fertig ist, ruft „Halt!"

Diese Gruppe erhält von der Oberhexe ein Farbband der entsprechende Farbe, das am Stiel eines Kindes befestigt wird. Jetzt beginnt die nächste Spielrunde und die Hexen tanzen wieder durcheinander. Die Hexengruppe, die als erstes fünf zusätzliche Bänder errungen hat, ist Sieger des Spiels.

Hexe zu Hexe

Die Kinder werden in Hexengruppen eingeteilt und erhalten als Markierung verschieden farbige Krepp- oder Stoffbänder, die sie sich um den Oberarm oder die Stirn binden.

Auf dem Boden legt die Spielleitung einige Hula – Hoop – Reifen in den Farben der Hexengruppen aus. Es können auch farbige Tücher verwendet werden, oder die Kreise mit farbiger Kreide oder Klebeband markiert werden.

Eine schnelle Musik wird eingespielt. Dazu tanzen die Hexen durch den Raum, ohne dabei in einen Kreis zu treten.

Stoppt die Musik, so ruft die Spielleitung laut eine Hexengruppe aus. Schnell müssen jetzt beispielsweise die kleinen Feuerhexen in ihrem Farbkreis laufen. Die übrigen bleiben wie verzaubert an ihrem Platz stehen und dürfen sich währenddessen nicht bewegen.

Startet die Musik wieder, so tanzen alle Hexen weiter. Es dürfen auch einmal zwei Hexengruppen gleichzeitig ausgerufen werden.

„Zum Schluss unseres Hexenfestes dürfen nun die Wind-, Wald-, Feuer- und Erdhexen einzeln für die anderen einen Tanz aufführen", ruft die Oberhexe.

Der Abschlusstanz

Die einzelnen Hexen finden sich noch einmal in den Gruppen zusammen. Die Oberhexe hat möglicherweise sogar für jede Gruppe eine spezielle Musik ausgewählt. Für die Windhexen eine leichte, bewegte Musik, für die Erdhexen eine dumpfe Trommelmusik, für die Waldhexen eine etwas unheimliche Musik und für die Feuerhexen eine sich steigernde, wilde Musik. Jede Gruppe hat eine kurze Zeit zur Probe und führt dann den anderen einen kleinen Hexentanz ums Feuer vor.

"Sicher seid ihr sehr hungrig. Deshalb kann der Hexenschmaus nun beginnen!" ruft die Oberhexe zuletzt. Das Hexenfeuer kann nun entfacht werden und bei einem gemütlichen Hexenessen klingt das Hexenfest langsam aus.

Spaziergang durch den Hexenwald

Eine Mitspielaktion mit Stöcken

Material: pro Kind ein ca. 80 cm langer Stock, den die Kinder sich zuvor bei einem Spaziergang im Wald gesucht haben können

Diese Mitspielaktion sollte nach Möglichkeit draußen auf dem Außengelände eines Kindergartens, im Wald oder in einer Turnhalle oder einem großem Raum durchgeführt werden.
Alle Kinder und natürlich auch der Erwachsene sind als Hexen verkleidet.

Die Oberhexe begrüßt die kleinen Hexen und lädt sie zu einem Spaziergang in den Hexenwald ein.
„Dies ist ein ganz besonderer Wald", so erzählt die Oberhexe. „Dort warten sicherlich allerlei Abenteuer auf uns!"
Gemeinsam machen die Hexen sich auf den Weg und laufen, auf ihre Stöcke gestützt, (Spazierstock) hintereinander los.

Im dunklen Wald

Bald gelangen sie an eine schmale Brücke, die über einen Fluss führt. Die Stöcke werden hintereinander zu einer langen Reihe auf den Boden gelegt. Jetzt müssen die Hexen eine nach der anderen darüber balancieren. Wer traut sich, den Fluss einmal rückwärts, seitwärts oder gar mit geschlossenen Augen zu passieren?
Es geht jetzt immer tiefer hinein in den dunklen Wald. Wir nehmen dazu wieder unsere Stöcke in die Hände und laufen, den Stock erneut als Spazierstock einsetzend, weiter. Wir erreichen eine Lichtung. Dort ist das Gras ganz hoch gewachsen. Wir haben Mühe, unseren Weg fortzusetzen. Mit den Stöcken schlagen wir das Gras zur Seite und bahnen uns so unseren Weg.

Weiter geht der Spaziergang bis uns plötzlich riesige Baumstämme den Weg versperren.

Wege mit Hindernissen

Die Stöcke werden auf dem Boden verteilt ausgelegt. Die kleinen Hexen springen hinüber. Dabei gibt die Oberhexe verschiedene Bewegungsarten vor:

* auf einem Bein hüpfen
* seitwärts springen
* ganz schnell über die Stöcke springen
* in Zeitlupe die Stöcke übersteigen
* rückwärts hüpfen
* zu zweit, sich an den Händen fassend

Endlich haben wir das Hindernis überwunden und wandern mit unseren Stöcken weiter. Im Gehen wollen wir einige Kunststücke mit unseren Stöcken probieren.

Stock – Kunststücke

Wer schafft es, seinen Stock auf der geöffneten Handfläche zu balancieren? Gibt es auch Hexen, die ihren Stock rückwärts tragen können?
Das Tempo kann bei dieser Übung variiert werden.

Schließlich gelangen wir ganz tief in den dunklen Hexenwald. Hier sind die Wege sehr schmal und wir können kaum noch etwas sehen. Gemeinsam wollen wir versuchen, dort hindurch zu kommen.

Die Stockgasse

Die Kinder stellen sich in zwei Reihen gegenüber auf. Der Abstand der Reihen sollte ca. einen Meter betragen. Zwischen den Kindern einer Reihe wird je ein Stock gefasst. Es entsteht eine lange Stockgasse, die ruhig auch eine Kurve machen kann.

Durch diese Gasse soll nun ein Kind, dem die Augen verbunden werden, laufen.

Dabei gibt es verschiedene Spielmöglichkeiten:

✱ Das Kind erhält die Augen mit einem Tuch verbunden. Ein zweites Kind geleitet das „blinde" Kind durch die Gasse, indem es rückwärts vor ihm hergeht und dabei ständig den Namen der „blinden" Hexe flüstert.

✱ Das „blinde" Kind tastet sich an den Stöcken entlang allein durch die Gasse.

Bei diesen beiden Varianten dürfen die Kinder, die die Gasse bilden, allerlei unheimliche Geräusche machen.

✱ Das „blinde" Kind wird von einem anderen Kind mit Hilfe eines Instrumentes (Glöckchen, Tambourin, Rassel, zwei aneinander geschlagene Stöcke) hindurch geleitet. Anschließend darf eine andere Hexe den Weg zurücklegen.

Wir setzen unseren Spaziergang fort und müssen bald einen Bach überqueren.

Von Ufer zu Ufer

Zwei Stöcke werden parallel nebeneinander (Abstand: ca. 1 Meter) auf den Boden gelegt. Die Kinder springen nacheinander hinüber.

Manchmal, wenn es im Hexenwald gefährlich wird, müssen wir unseren Stock auch zur Verteidigung nutzen.

Schlag auf Schlag

Zwei Kinder stehen sich gegenüber. Jedes Kind hält seinen Stock in den Händen. Jetzt werden die Stöcke aneinander geschlagen und zum Klingen gebracht.
Dazu kann das eine Kind seinen Stock hoch und tief halten. Das andere muss schnell mit dem Stock folgen. Es kann auch ein Schlagrhythmus mit allen gemeinsam entwickelt werden.

Auf unserem Weg entdecken wir bald, dass die Waldhexe hier gewesen sein muss. Denn die Bäume wachsen nicht mehr senkrecht in die Luft, sondern stehen alle krumm und schief.

Der Zauber der Waldhexe

Die Kinder werden in zwei Gruppen geteilt.

Je zwei Kinder der einen Gruppe fassen einen Stock an den Enden und stellen sich im Raum verteilt auf. Die übrigen Hexen müssen nun über oder unter diesen Baumstämmen hersteigen oder kriechen. Die Stöcke werden mal hoch, mal tief, mal waagerecht oder schräg gehalten. Anschließend tauschen die Gruppen die Rollen.

Endlich gelangen wir wieder aus dem Hexenwald hinaus und unser Spaziergang geht zu Ende.

Diese Mitspielaktion eignet sich besonders für Kinder im Kindergartenalter. Die Länge ist auf dieses Alter hin abgestimmt. Natürlich ist es jederzeit möglich, die Aktion zu verlängern oder zu kürzen sowie andere Spiele mit einzubauen.

Weitere Spielereien mit dem Stock

Im Folgenden sind noch einige weitere Bewegungsmöglichkeiten und Spielideen gesammelt, die sich leicht in den Spaziergang durch den Hexenwald integrieren lassen.

✳ Die Stöcke werden auf den Boden gelegt und mit den Händen oder Füßen eine Wegstrecke gerollt.

✳ Gemeinsam legen die Kinder mit allen Stöcken eine Figur auf dem Boden aus. (Haus, Viereck, Schlange).

✳ Der Stock wird mit ausgestreckten Armen über dem Kopf getragen.

✳ Ein Kind legt sich auf den Rücken und streckt die Beine in die Luft. Ein anderes Kind legt jetzt einen Stock auf seine Fußsohlen und beginnt, bis zehn zu zählen. Gelingt es dem liegenden Kind, den Stock so lange oben zu halten?

✳ Ein Kind legt sich ebenso auf den Rücken und erhält einen Stock auf die Fußsohlen gelegt. Nun soll es den Stock möglichst weit wegstoßen. Welcher Stock fliegt wohl am weitesten?

✳ Der Stock wird waagerecht auf den Nacken gelegt und balanciert.

✳ Die Stöcke werden parallel nebeneinander auf dem Boden ausgelegt (Abstand: ca. 20 – 30 cm), die kleinen Hexen hinkeln nacheinander auf einem Bein über die Stöcke.

✳ Die Stöcke werden im Raum verteilt auf dem Boden ausgelegt. In die Mitte der Fläche malt die Oberhexe mit einem Stock einen Kreis (Durchmesser: ca. 1 Meter) in den Sand. Im Raum wird ein Reifen ausgelegt oder ein Kreis mit Kreide aufgemalt. Jedes Kind erhält nun eine andere Zahl, die es sich gut merken muss. Die Kinder laufen kreuz und quer durch den Raum. Irgendwann ruft die Oberhexe eine Zahl aus. Die Hexe mit dieser Zahl greift sich schnell einen Stock und versucht, ihn in den Kreis zu legen. Die übrigen Hexen müssen schnell reagieren und versuchen, die Hexe bei ihrem Versuch abzuschlagen. Anschließend beginnt die zweite Spielrunde.

Noch mehr Spiele für nimmer müde Hexen

Besonders eifrige Hexen finden im Spiel manchmal kein Ende. Hier ein paar Tipps, was eine kleine Hexe sonst noch gerne spielt. Selbstverständlich lassen sich auch diese Spiele auf eurem Hexenfest durchführen.

Der zappelige Besen

Material: je Hexe ein Hexenbesen

Je zwei Hexen stellen sich gegenüber auf. Sie halten ihren Besen in der rechten Hand. Der Besen wird am Stiel gefasst, das Reisigende weist nach oben, der Stiel berührt den Boden. Der Abstand zwischen den beiden Hexen sollte zunächst nicht mehr als einen Meter betragen.
Auf ein Zeichen der Oberhexe lassen beide Hexen ihren Besen los, laufen hinüber zur anderen Seite und versuchen, den Besenstiel ihrer Partnerin zu fassen, ehe der Besen zu Boden fällt. Haben die Hexen schon etwas Übung, so kann der Abstand zwischen ihnen vergrößert werden.

Spielvariante:
Die Kinder werden in zwei gleich große Gruppen eingeteilt. Die Gruppen stellen sich in zwei Reihen mit dem Gesicht zueinander auf. Jede Hexe benötigt eine Partnerin, die ihr im Abstand von ca. einem Meter gegenüber steht. Nun wird das Spiel, wie oben beschrieben, durchgeführt. Die Oberhexe gibt für alle das Startsignal.
Für jeden Besen, der in einer Runde zu Boden fällt, erhält die Gruppe einen Minuspunkt. Wer zuerst zehn Minuspunkte hat, verliert das Spiel.

Der Hexenkreis

Material: ein Hexenbesen

Sechs bis acht Kinder stellen sich zu einem engen Kreis auf, mit den Gesichtern zur Kreismitte. Dort steht die Spielleitung mit einem Besen in der Hand, dessen Stiel senkrecht auf dem Boden steht. Plötzlich ruft die Oberhexe den Namen einer anderen Hexe und lässt gleichzeitig den Besen los. Schnell eilt die aufgerufene Hexe in die Kreismitte und versucht, den Besen zu fassen, ehe er zu Boden fällt. Gelingt ihr dies, so tritt die Hexe wieder in den Kreis und die Oberhexe versucht ihr Glück noch einmal mit einer anderen Hexe.
Fällt der Besen auf den Boden, so bleibt die gerufene Hexe in der Mitte und beginnt die nächste Spielrunde.

Der Hexensprung

Material: je Hexe ein Hexenbesen

Die Hexenbesen werden zu einem Kreis auf dem Boden ausgelegt. Dabei müssen die Stiele zur Kreismitte weisen. Die kleinen Hexen setzen sich an das Ende ihres Besens in den Kreis. Ein Kind wird ausgesucht, das im Schlusssprung über die Besenstiele hüpfen soll. Die übrigen Hexen klatschen im Takt dazu. Die Besen sollten nicht zu weit auseinanderliegen, so dass auch kleine Kinder die Aufgabe bewältigen können. Gelingt es dem Kind eine Runde zurückzulegen, so darf es sich eine andere Hexe aussuchen. Anschließend können die Bewegungsarten von der Spielleitung verändert werden. Die Hexen sollen rückwärts, auf einem Bein, krabbelnd, im Seitgalopp usw. über die Besen hüpfen.

Die frechen Hexen

Material: je Hexe ein Hexenbesen, ein Ball oder kleines Kissen

Die Kinder stellen sich mit ihrem Besen im Kreis auf. Die Besen weisen mit dem Reisigende zum Boden. Ein Kind tritt mit seinem Besen in die Mitte. Die anderen Kinder spielen sich nun mit ihrem Besen einen Ball oder ein kleineres Kissen im Kreis zu. Die Hexe in der Mitte versucht, den Ball mit ihrem Besen zu berühren. Hat sie den Ball berührt, so tritt das Kind, das zuletzt den Ball gespielt hat, in die Mitte.

Der verschwundene Besen

Material: ein Hexenbesen, verschiedene Musikinstrumente

Eine kleine Gewitterhexe hat ihren Besen verloren. Wir helfen ihr beim Suchen. Ein Kind wird zur Wetterhexe bestimmt. Es verlässt für kurze Zeit den Raum.
Die übrigen Hexen verstecken den Besen der kleinen Gewitterhexe im Raum oder auch draußen im Gelände.
Jede der Hexen erhält anschließend von der Oberhexe ein Musikinstrument. Die Wetterhexe wird wieder hereingeführt und muss ihren Besen suchen. Die anderen helfen ihr dabei, indem sie der Gewitterhexe Signale geben.
Spielen sie sehr laut mit ihren Instrumenten, so kommt die Hexe ihrem Besen näher. Erklingen die Instrumente leise, ist die suchende Hexe noch weit entfernt vom verschwundenen Besen.

Kunterbunte Hexenhäuser

Material: fester Fotokarton in vier Farben, Schere, Stifte, schnelle Musik

Für dieses Spiel bereitet die Oberhexe aus festem Karton vier Hexenhäuser in vier Farben vor. Dazu wird je ein Haus auf einen farbigen Fotokarton gemalt. Anschließend schneidet sie die Kartons jeweils in zehn Puzzleteile und verstreut die Teile aller Puzzle kreuz und quer auf dem Boden des Spielraumes.

Die kleinen Hexen sind wieder in Gruppen eingeteilt. Jedes Kind erhält ein Kreppband entsprechend der Farbgruppe und bindet sich das Band um den Arm. Die Hexenbesen ruhen während dieses Spiels in der Raumecke.

Wieder tanzen die Kinder zu einer Musik durcheinander. Stoppt die Musik, müssen die Kinder schnell die Puzzleteile ihrer Farbgruppe auf dem Boden suchen und sich damit an einem Platz zusammen finden. Jetzt gilt es, die Teile gemeinsam möglichst schnell auf dem Boden zu einem Bild zusammen zu legen. Anschließend verteilen alle die Puzzleteile wieder im Raum und die nächste Spielrunde kann beginnen.

Hinweis: Damit die Kinder sich besser zusammen finden können, sollte die Oberhexe die Raumekken mit farbigen Punkten oder Tüchern entsprechend den Farbgruppen markieren, in denen sich die Kinder dann nach dem Einsammeln der Puzzleteile treffen müssen.

Es regnet, es regnet!

Material: Matratzen, Tambourin

Zwei Matratzen werden mit den Kanten der breiten Matratzenseiten so aufrecht aneinandergelehnt, dass ein kleines Häuschen entsteht. Nun wird noch ein Tuch über das Haus gespannt: fertig ist das Hexenhaus. Ihr könnt natürlich auch das Hexenhaus aus großen Kartons hierfür verwenden (siehe Kapitel 1). In diesem Hexenhaus können die kleinen Hexen hineinkriechen und sich zum Schlafen niederlegen.

Auch für ein Bewegungsspiel eignen sich solche Hexenhäuser sehr gut. Im Turnraum werden einige Hexenhäuschen aus Turnmatten oder Kartons aufgebaut. Diese sollten im Raum verteilt stehen.

Die Kinder bewegen sich laufend oder hüpfend kreuz und quer durch den Raum.

Die Spielleitung schlägt einen Rhythmus auf dem Tambourin.

Irgendwann ruft sie: „Es regnet, es regnet, es donnert, es blitzt!" Bei „blitzt!" schlägt die Spielleitung mit der flachen Hand auf das Tambourin. Dies ist das Zeichen für die Hexen, sich schnell in ein Hexenhaus zu verkriechen. Es können auch zwei Hexen in einem Haus Schutz vor dem Regen suchen.

Jetzt ruft die Spielleitung: „Die Sonne kommt wieder heraus!"

Allen Kinder kriechen aus ihren Häusern und die zweite Spielrunde kann beginnen.

Die Besenstaffel

Material: je Hexe ein Hexenbesen

Je sechs Hexen stellen sich hintereinander in einer Reihe auf. Es werden mehrere Reihen nebeneinander gebildet.

Jede Hexe hält ihren Besen rechts vom Körper in der Hand, wobei der Stiel senkrecht auf dem Boden steht. Nur die letzte Hexe in der Reihe hat keinen Besen. Das erste Kind in der Reihe gibt ein Kommando. Schnell lassen die Hexen ihren Besen los, gehen einen Schritt nach vorn und fassen den Besenstiel der vorderen Hexe, ohne dass dieser zu Boden fällt. Das erste Kind in der Reihe läßt ebenfalls seinen Hexenbesen los und schließt sich schnell am Ende der Reihe an.

Die Hexen müssen hier gut zusammen spielen und aufeinander achten, sonst fällt schon bald der erste Besen hin. Welcher Hexengruppe gelingt es, einen Durchgang zu spielen bis das erste Kind wieder am Anfang der Reihe steht, ohne dass ein Besen zu Boden fällt?

Wir erfinden Geschichten

Material: Pappkarten (mind. 10), Papier, Malstifte

Auf kleine Karten malt die Oberhexe vorab einige Gegenstände, die etwas mit „Hexen" zu tun haben: Rabe, Hexenhaus, Bäume, Kräuter, Kater, Rock, Zauberbuch u. s. w.
Jetzt werden die Karten verdeckt auf den Tisch gelegt. Jedes Kind darf zu Beginn eine Karte ziehen und sich diese anschauen. Gemeinsam wird versucht, eine kleine Hexengeschichte zu erfinden, bei der die einzelnen Gegenstände, die auf den gezogenen Karten der Kinder abgebildet sind, eingebaut werden.
Spielt man dieses Spiel zum ersten Mal, sollte der Erwachsene mit der Geschichte beginnen und den Kindern ein Beispiel geben, wie die Geschichte beginnen kann. Irgendwann unterbricht ein anderes Kind, spinnt die Geschichte weiter und versucht dabei, seinen gezogenen Gegenstand mit einzubauen. Die übrigen Kinder können helfen und ihre Ideen beisteuern.
Ist eine besonders schöne Geschichte dabei herausgekommen, so können die Kinder auch Bilder dazu malen. Der Erwachsene schreibt die Geschichte nieder. Anschließend werden die Bilder zu einem Buch zusammengebunden.
Spielvariante: Die Karten mit den Gegenständen werden offen auf dem Tisch ausgelegt. Die Kinder betrachten die Gegenstände und versuchen nun, ein Bild zu malen, bei dem alle Gegenstände zu sehen sind und auf dem Bild eine Rolle spielen. Anschließend stellt jedes Kind sein Bild vor und darf den anderen erzählen, was der kleinen Hexe auf dem Bild passiert.

Dem Geruch folgen

Material: je Spielpaar ein mit einem Duft getränktes Tuch

Hexen wissen besonders gut über Kräuter Bescheid und erkennen viele Kräuter schon an ihrem Geruch. Das wollen wir in einem Spiel mal ausprobieren.
Die Kinder bilden Spielpaare. Einem Kind des Spielpaares werden die Augen verbunden. Es stellt sich an die Wand des Raumes. Das andere Kind stellt sich mit dem Gesicht zueinander und dem Rücken zum Raum davor. Dieses Kind erhält von der Spielleitung ein kleines Tuch, dass zuvor mit einem Duftstoff leicht getränkt wurde. (Zitronenmelisse, Lavendel, Kräuteressig). Auch eine frisch gehackte Zwiebel, die in ein kleines Tuch gewickelt wird, oder eine zerdrückte und in ein Tuch gewickelte Knoblauchzehe verbreiten einen starken Duft.
Das führende Kind hält nun den Stoff dicht vor die Nase des „blinden" Kindes und versucht dieses, einmal kreuz und quer durch den Raum zu führen. Das „blinde" Kind orientiert sich am Duft. Anschließend wechseln die beiden die Rollen.

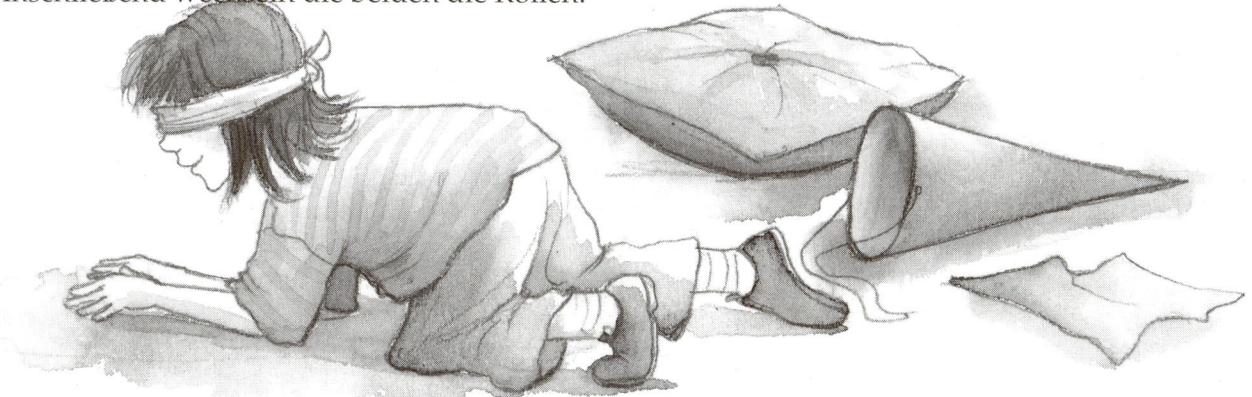

Nachwort

Wenngleich mich die Faszination der Kinder für die mystische Welt der Hexen begeisterte, tauchten bereits bei der Idee zum Buch wichtige Fragen auf: Kann man überhaupt zu diesem Thema ein spielpädagogisches Praxisbuch schreiben und dabei die oben genannten Elemente, die zu diesem Bild der Hexe gehören, mit einbeziehen und in Spiel und Aktion umsetzen? Ist es möglich, ein Spielebuch für Kinder zu schreiben und dabei den bedrückenden, historischen Hintergrund der Hexenverfolgung unbeachtet lassen?

Im Zeitraum von ca. 1550 – 1750 wurden in fast allen europäischen Ländern Millionen von Frauen unter dem Vorwurf, eine „Hexe" zu sein, der Prozess gemacht. Sie wurden auf entsetzliche Weise verfolgt, gefoltert, gequält und auf Scheiterhaufen verbrannt. Wird durch ein solches Buch dieser geschichtliche Kontext nicht verdrängt, abgeschwächt, verniedlicht oder gar „überspielt"?

Lange habe ich mich mit dieser Frage auseinander gesetzt, gerade weil mich sowohl der historische als auch der moderne Bezug des Themas seit vielen Jahren beschäftigt. In vielen Gesprächen und Diskussionen mit Pädagoginnen, Eltern und Kindern wurde ich in meiner Idee zu diesem Buch bestätigt. Es wurde deutlich, dass das Thema „Hexen" nicht nur in seinem historischen Bezug gesehen werden kann. Losgelöst von dem geschichtlichen Rahmen existiert für Kinder ebenso wie für uns Erwachsene ein „Mythos Hexe", der auch als solcher unabhängig davon betrachtet werden sollte.

In unserer heutigen Zeit ist nahezu alles fassbar, berechenbar, erklärbar. Mit unserem Verstand versuchen wir, unsere Umwelt zu begreifen, für alles Erklärungen zu finden und unseren Verstand als unser höchstes Gut über alles zu stellen. Unser Denken und Handeln sind geprägt von Rastern, Gesetzmäßigkeiten, Regeln und festen Strukturen. Und doch bleibt bei uns Menschen die Faszination für das Unfassbare, Mystische, Unerklärbare. Sie ist bei Kindern und Erwachsenen gleichermaßen lebendig. Vielleicht ist der Grund für diese Begeisterung gerade in unserer hochtechnisierten Welt zu suchen, die immer weniger Raum für Zauberhaftes und Mystisches lässt, das nicht in feste Erklärungsmuster gepresst werden kann.

Ich hoffe, dieses Buch kann einen kleinen Beitrag dazu leisten, die Welt des Zauberhaften und Mystischen zu bewahren und lebendig werden zu lassen.

Zum geschichtlichen Hintergrund des Themas „Hexen"

Magische Vorstellungen und Praktiken spielten in der Entwicklung sämtlicher traditioneller Kulturen der Welt eine wichtige und besondere Rolle. Es war der Glaube an geheimnisvolle Mittel und Künste, die den menschlichen Erfahrungshorizont des Einzelnen und seine naturgegebenen Fähigkeiten bei weitem überstiegen.

Die Vorstellung, solche Kräfte seien bestimmten Menschen gegeben, war seit jeher weit verbreitet. Diese Personen konnten magische Mittel zur Machtausübung einsetzen, sowohl zum Bewirken von Gutem, Nützlichem, Hilfreichem als auch zum Erreichen von Bösem, Unheilvollem, Schädlichem. Damit wurde der Welt der Magie eine unheimliche Macht verliehen, die die Phantasien der Menschen seit jeher beflügelte.

Solche Menschen, die nach dem Glauben des Volkes in der Lage waren, durch die Anwendung bestimmter Fertigkeiten, magischer Mittel und Kenntnisse in Kontakt zu treten mit der Geisterwelt waren Druiden, Magier, Seherinnen, Zauberer und Zauberinnen, Schamanen.

Besonders Frauen mit besonderen Fähigkeiten genossen in der heidnischen Zeit als Seherinnen und Heilerinnen hohe Achtung. Sie erteilten Rat, versahen die Heilkunst, standen den Frauen bei der Geburt zur Seite und versahen selbst den Dienst an den Toten. Ihr Wissen um die Wirkung und Anwendung von Kräutern, ihre Fähigkeiten als Hebammen ebenso wie ihre Kenntnisse in der Empfängnisverhütung wurden geschätzt und verehrt. In zahlreichen Sagen und Überlieferungen wird dies bestätigt.

Mit der Verbreitung des Christentums in Europa begann die Verfolgung dieser Reste heidnischer Kulte, die Bekämpfung solch unchristlicher Weltanschauungen.

Zu Beginn des frühen Mittelalters wurde nun der Frau gerade in den europäischen Ländern die schwarze Magie vorgeworfen, also die Fähigkeit, mit teuflischen Kräften in Verbindung treten zu können. Der alte Begriff der „Zauberei" mit seinen zwei Komponenten, nämlich Gutes und Böses zu bewirken, war damit einem Wandel unterzogen und wurde nunmehr reduziert auf den sogenannten „Schadenzauber". Frauen wurde unterstellt, einen Pakt mit dem Teufel einzugehen und sich zu seinem Werkzeug zu machen, um den Menschen allerlei Schaden zuzufügen: Schaden an Leib und Seele, Ernte und Vieh, Eigentum. Dies bedeutete, diese Frauen konnten für jedes Missgeschick verantwortlich gemacht werden (Naturkatastrophen, schlechte Ernte, Unglücksfälle jeglicher Art, Unwetter, das Sterben von Tieren und dergleichen).

Sie wurden beschuldigt, Verhütungsmittel anzuwenden, Abtreibungen vorzunehmen oder die neugeborenen Kinder den Dämonen zu weihen. Besonders Hebammen und Ärztinnen, die sich vornehmlich in der Frauenheilkunde und Geburtshilfe betätigten, wurden verdächtigt, mit dem Teufel einen Pakt eingegangen zu sein, um den Menschen Unheil zuzufügen.

Die Gründe für die Verfolgung der „weisen Frauen" werden zum einen im Totalitätsanspruch und Machtstreben der Kirche gesehen. Die herrschende, kirchliche Vorstellung von der Frau als lasterhaftes Wesen, das besonders anfällig sei für die Sünde (Bezug Adam und Eva) und der sämtlichen verwerflichen Verhaltensweisen zugesprochen wurden (Alkohol, Rauschdämpfe, Geilheit), fand nun seine Verbreitung. Hierin muss sicherlich eine Ursache für die entsetzlichen Verfolgungen der heilkundigen Frauen gesehen werden.

In dem Buch „Die Vernichtung der weisen Frauen" wird ein weiterer, ebenso interessanter Erklärungsversuch für die Hexenverfolgungen gegeben.

Hier heißt es, dass „die Vernichtung der weisen Frauen ausdrücklich in bevölkerungspolitischer Absicht zur Unterbindung der Geburtenkontrolle von Kirchen und Staat ins Werk gesetzt wurde". (S.13; „Die Vernichtung der weisen Frauen"; G Heinsohn; Otto Steiger)

Die Zahl der Gesamtbevölkerung war, bedingt durch Ernterückstände und die Pest, drastisch zurückgegangen. Der Mangel an Leibeigenen sollte durch die Ausrottung des Verhütungs- und Abtreibungswissens behoben werden.

Im 15. Jahrhundert setzten in Frankreich und in Italien die Hexenverfolgungen ein, die sich aufgrund der Bulle des Papstes Innozenz VIII und der Herausgabe des „Hexenhammers" (1487) mehr und mehr ausweiteten auf andere europäische Länder. Der „Hexenhammer", ein von zwei deutschen Dominikanern verfasstes Werk, welches ein für Europa gültiges System von Hexenvorwürfen und Prozessordnungen aufstellte, wurde bald zur Grundlage unzähliger Hexenprozesse.

Durch einen allgemeinen Aufruf zur Denunziation wurde meist der Hexenprozess eingeleitet.

In Kerkern, die in grauenvollem Zustand waren, mussten die Frauen unter entsetzlichen Bedingungen auf ihren Prozess warten. Schon bevor die Frauen dem Richter vorgeführt wurden, waren die meisten durch diese unwürdige und demütigende Behandlung bereits seelisch und körperlich gebrochen.

Mit entsetzlichen Foltermethoden wurden Geständnisse aus den Frauen herausgepresst. Die Foltermethoden und Werkzeuge waren zahlreich, manche eigens für diese Frauen entwickelt.

In Frankreich, Deutschland und England fanden die meisten Hexenprozesse im 17. Jahrhundert statt. In fast jedem europäischen Land gibt es Orte, die man mit Hexen in Verbindung bringt. Im Zeitraum von 1550 – 1750 erreichten die Hexenverfolgungen ihren Höhepunkt.

Eine absolute Antwort auf die Frage nach der Zahl der getöteten „Hexen" wird es wohl kaum jemals geben, da die Akten der Prozesse zum größten Teil vernichtet worden sind. Die Schätzungen gehen bis zu 3 Millionen Frauen.

Erst im 17. Jahrhundert nahm die Zahl der Gegner der Hexenverfolgung vermehrt zu und immer mehr kritische Stimmen auch aus den Reihen der Kirche wurden laut.

Das Ende der Hexenprozesse wurde durch die Aufhebung der Folter, also Anfang des 18. Jahrhunderts, eingeleitet. Die letzte Hexenhinrichtung in Deutschland fand im Jahre 1775 statt.

Auf dem Blocksberg tanzt die Hex'

– Zur Geschichte der Walpurgisnacht –
Feiern im Harz

Nach altem Glauben vermählte sich in der Walpurgisnacht Allvater Wodan mit Freya (Frau Holle). In der Nacht vom 30. April auf den 1. Mai, so glaubten die Germanen, vertreiben Wotan und Freya die Dämonen des Winters und zeugen den Frühling. Im Hochzeitszug glaubte man Götter und Helden, sowie gütige Frauen, gute Feen und Elfen. Aus vielen alten Berichten und Überlieferungen ist bekannt, wie sehr sich diese gütigen Frauen dem Volksgedächtnis eingeprägt haben und die Erinnerung an sie ist über die Jahrhunderte erhalten geblieben. Sie standen in hohem Ansehen und wurden von den Menschen geachtet und verehrt.

Der Name „Walpurgisnacht" leitet sich her von „Walpurga", einer Äbtissin des Klosters Heidenheim, die aus England stammte und an einem 1. Mai heilig gesprochen worden sein soll. Sie galt als Schutzpatronin der Bauersfrauen und Mägde.

Alte Volkssagen und Legenden erzählen bereits vom Hexentreiben im Harz. Die ersten Überlieferungen finden sich in der sogenannten Erfurt – Leidener Handschrift „de origine Saxonum" aus dem Jahre 1460. Darin wird von Unholden berichtet, die sich auf dem „Brockensberg" versammelten.

Im Jahr 1668 bezieht der Magister Johannes Praetorius in einem Buch mit dem Titel „Blocksberges Verrichtung" diesen unbestimmten Punkt geographisch auf den Brocken im Harz. Weitere Bezeichnungen wie „Teufelsberg, Hexenberg und Unholdsberg" finden sich in der Literatur. Aber auch andere Orte in vielen europäischen Ländern werden mit Hexen in Verbindung gebracht, wie beispielsweise der Berg „Blakulla" in Schweden.

Aus dem 16. Und 17. Jahrhundert liegen erste Dokumente über Besteigungen des Brockens vor. Die Tradition der Walpurgisnacht ist also schon sehr lang und reicht bis in die heutige Zeit. Der Ursprungsgedanke der Walpurgisnacht ist ein Freudenfest, und das ist es auch bis heute geblieben. Die in jedem Jahr stattfindenden Walpurgisnachtveranstaltungen im Oberharz haben direkt weder mit der Hexenverfolgung noch mit dem Hexenglauben zu tun. Ihr Bezugspunkt ist eher der Abschied vom Winter und die Freude über den beginnenden Frühling. Im Laufe der Jahre wurde die Hexe zu einem Sinnbild des Harzes. Alljährlich reisen Tausende an, um an den traditionellen Blocksbergfeierlichkeiten teilzunehmen.

Dies verdeutlicht auch der folgende Auszug aus einem Zeitungsbericht:

„Rund 200 000 Besucher aus allen Teilen der Bundesrepublik haben im Harz die Walpurgisnacht gefeiert. Mit Feuerwerk, Schauspiel, Hexenlauf und anderen traditionellen Riten vertrieben sie in der Nacht zum Donnerstag die Geister des Winters. Viele Frauen hatten sich als Hexen verkleidet. Auf ihren langen Besen fanden sie sich wie alljährlich zur Walpurgisnacht in dem Mittelgebirge ein und trieben überall ihren Schabernack." (Esslinger Zeitung; 2.5.97)

Nähere Informationen zu den Walpurgisnachtfeiern im Harz erhalten Sie bei:

Harzer Verkehrsverband e.V.
Postfach 1669
D – 38606 Goslar

Literaturempfehlungen

Zum geschichtlichen Hintergrund

Heinsohn, Gunnar/Steiger, Otto:
Die Vernichtung der weisen Frauen
Heyne Verlag, München, 1989

Hauschild, Thomas:
Die alten und die neuen Hexen
Heyne Verlag, München, 1987

Schmölzer, Hilde:
Phänomen Hexe
Herold Verlag, München, 1986

Sprenger, Jakob/Institoris, Heinrich:
Der Hexenhammer
dtv, München, 1987

van Dülmen, Richard
Hexenwelten
Fischer Taschenbuch Verlag,
Frankfurt a. Main, 1987

Bologne, Jean Claude:
Von der Fackel zum Scheiterhaufen

Walter Verlag, Solothurn und
Düsseldorf, 1995

Bauer, Wolfgang u. a.:
Lexikon der Symbole
Heyne Verlag, München, 1987

Shahar; Shulamith:
Die Frau im Mittelalter
Fischer Taschenbuch Verlag,
Frankfurt a. Main, 1987

Früh, Sigrid:
*Märchen von Hexen und Weisen
Frauen*
Fischer Taschenbuch Verlag,
Frankfurt a. Main, 1988

Hammes, Manfred:
Hexenwahn und Hexenprozesse
Fischer Taschenbuch Verlag,
Frankfurt a. Main, 1989

Hicks, Jim:
Hexen und Hexenwahn
Time-Life Bücher, Amsterdam,
1991

Lehane, Brendan:
Zauberer und Hexen
Time-Life Bücher, Amsterdam,
1984

Hauschild, Thomas/Staschen,
Heidi/Troschke, Regina:
Hexen – Katalog zur Ausstellung
Verlag Clemens Zerling, Berlin
1987

Fraiberg, Selma:
Die magischen Jahre
Rowohlt Taschenbuch Verlag,
Reinbek, 1972

Bilder- und Vorlesebücher

Hütter, Gardi / Louis, Catherine:
Mamma Mia! Lass das Zaubern
Nord-Süd Verlag, Zürich, 1997

Baeten, Lieve:
Die neugierige kleine Hexe
Oetinger Verlag, Hamburg 1992

Baeten, Lieve:
Die kleine Hexe feiert Weihnachten
Oetinger Verlag, Hamburg 1996

Schubert, Ingrid u. Dieter:
Irma hat so große Füße
Verlag Sauerländer, 1995

Wilsdorf, Anne:
Charlotte
Lappan Verlag, Oldenburg, 1992

Volmert, Julia:
Das halbierte Hexenbuch
Edition albarello, Wuppertal, 1996

Haas, Bärbel:
Hexentee und Königskuchen
Würzburg, 1992

Hasler, Eveline:
Die Hexe Lakritze
Arena Verlag, Würzburg, 1987

Lofgren, Ulf:
Hexenkater sucht Hexe
Carlsen Verlag, 1987

Literatur zum Thema „Entspannung"

Müller, Else:
Du spürst unter deinen Füßen das Gras
Fischer Taschenbuch Verlag,
Frankfurt a. Main, 1983

Müller, Else:
Träumen auf der Mondschaukel
Kösel Verlag,
München, 1993

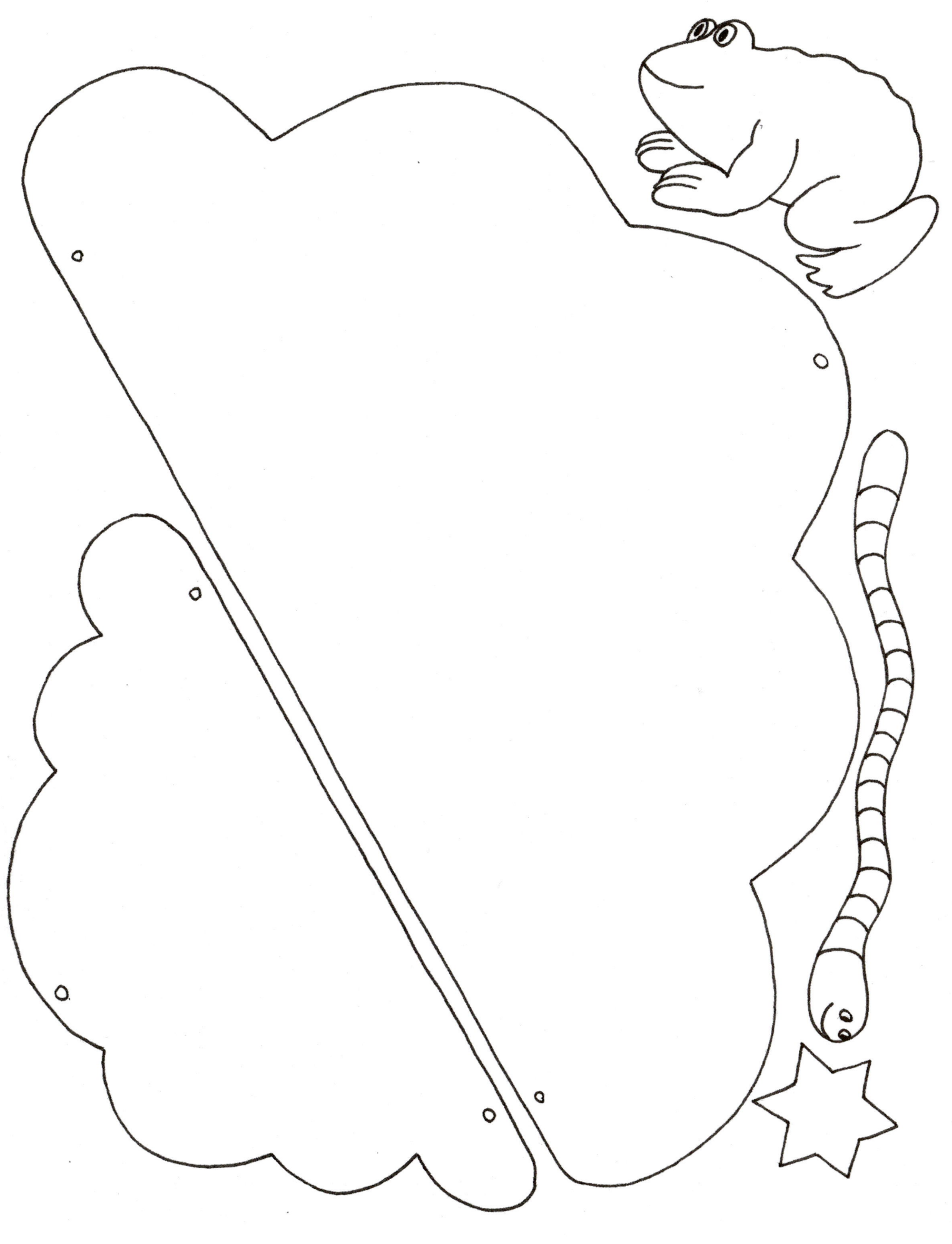

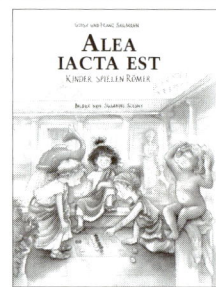

Mit-Spiel-Lieder und Bücher aus dem Ökotopia Verlag
Hafenweg 26 · D-48155 Münster

Reinhold Pomaska

Gitarren-schule und Kinder-lieder

An einem Abend Gitarrenbegleitung lernen

ISBN (Buch incl. CD): 3-931902-10-2

G. Schreiber – P. Heilmann

Karibuni Watoto

Spielend Afrika ent-decken

ISBN (Buch): 3-931902-11-0
ISBN (MC): 3-931902-13-7
ISBN (CD): 3-931902-12-9

Annette Breucker

Da ist der Bär los...

Kooperative Mit-Spiel-Aktionen für kleine und große Leute ab 3 J.

ISBN: 3-925169-24-5

dazu **MusiCassette ISBN:** 3-925169-58-X

Monika Schneider

Gymnastik-Spaß für Rücken und Füße

Gymnastikgeschich-ten und Spiele mit Musik für Kinder ab 5 Jahren

ISBN (Buch incl. CD): 3-931902-03-X
ISBN (Buch incl. MC): 3-931902-04-8

W. Hering

AQUAKA DELLA OMA

88 alte und neue Klatsch- und Klang-geschichten

ISBN (Buch): 3-931902-30-7
ISBN (CD): 3-931902-31-5

Wolfgang Hering

Kinder leichte Kanons

Zum Singen, Spielen, Sprechen und Bewegen

ISBN: (Buch incl. CD): 3-925169-90-3
ISBN: (nur Buch): 3-925169-91-1
ISBN: (MC): 3-925169-92-X

Gisela Mühlenberg

Buden-zauber

Spiellieder und Bewegungsspiele für große und klei-ne Leute

ISBN: 3-925169-41-5
dazu **MusiCassette ISBN:** 3-925169-63-6

Sabine Hirler

Kinder brauchen Musik Spiel und Tanz

Bewegt-musikali-sche Spiele, Lieder und Spielgeschichten für Kinder

ISBN (Buch): 3-931902-28-5
ISBN (CD): 3-931902-29-3

Ilonka Breitmeier

Von Krokodi-len und ganz anderen Ungeheuer-lichkeiten

Ermutigende und hilfreiche Geschich-ten für Kinder ab 4 Jahren

ISBN (Buch): 3-931902-16-1
ISBN (MC Traumzeiten) mit Schlafliedern:
3-931902-17-X

M. Beermann - A. Breucker

Tänze für 1001 Nacht

Geschichten, Aktio-nen und Gestal-tungsideen für 15 Kindertänze ab 4 Jahren

ISBN (Buch incl. CD): 3-925169-82-2
ISBN (nur Buch): 3-925169-86-5
ISBN (nur MC): 3-925169-83-0

Volker Friebel

Manda-lareisen mit Kindern

Naturmeditationen, Wahrnehmungs-übungen, Fantasie-reisen und Malvorlagen

ISBN 3-931902-32-3

Volker Friebel

Weiße Wol-ken – Stille Reise

Ruhe und Entspan-nung für Kinder ab 4 Jahren.
Mit vielen Geschich-ten, Übungen und Musik

ISBN (Buch incl. CD): 3-925169-95-4
ISBN (Buch incl. MC): 3-925169-94-6